Karl-Martin Dietz

DIALOGISCHE SCHULFÜHRUNG AN WALDORFSCHULEN
Spiritueller Individualismus als Sozialprinzip

MENON

Heidelberg 2006

1. Auflage 2006

Bibliographische Information der Deutschen Bibliothek

Die Deutsche Bibliothek verzeichnet diese Publikation in der Deutschen Nationalbibliographie; detaillierte bibliographische Daten sind im Internet über <http://dnb.ddb.de> abrufbar.

© 2006 MENON Verlag im Friedrich von Hardenberg Institut e.V.
Hauptstraße 59, D-69117 Heidelberg,
Telefon 0049-6221-2 13 50, Telefax -2 16 40
eMail: menon-verlag@hardenberginstitut.de
www.hardenberginstitut.de

ISBN 3-921132-40-1

Inhalt

Vorwort 7

Mein erstes Konferenzerlebnis. Statt einer Einleitung 11

Zwischenruf 16

Die Kunst der Moderation 18

Das Ganze entsteht im Prozess 18

1. Die Ausgangslage klären 21
2. Aktiv moderieren 22
   Die Zusammenhänge wahren 22
   Den Intentionen gerecht werden 24
   Ein produktives Klima herstellen 26
3. Den Gesprächsprozess verantworten 27
   Das Ziel im Auge behalten 27
   Positivität 29
4. Das Ergebnis festhalten 31

Die Aufgabe des Moderators 32
Neutralität? 33

Zwischenruf 35

Das unternehmerische Element der Selbstverwaltung 38

Zusammenarbeit der Einzelnen: Schulführung 39

Handeln aus geistigem Impuls 46

Souveränität 54

Geistige Produktivität und freie Empfänglichkeit 55

Souveränität im Denken 58

Das dialogische Prinzip 62
Die Herausforderungen des Dialogischen 65

Zwischenruf 72

Der Einzelne in der Zusammenarbeit:
die dialogischen Prozesse 76
  1. Individuelle Begegnung 76
  2. Transparenz 86
     Wege zur Erkenntnisfähigkeit 103
  3. Beratung 111
  4. Entschluss 121
  Einmütigkeit? 127
  Delegation als verabredete Eigentätigkeit 129

Zwischenruf 134

Voneinander lernen:
die Partnerschaft zwischen Eltern und Lehrern 137
  Wechselseitige Klagen 137
  Eltern: freie Partner der Lehrer bei der Erziehung 140
  Mitgestaltung des Schulorganismus 141
  Fragen der Selbstprüfung im Kollegium 143
  Was können Eltern für die partnerschaftliche
     Zusammenarbeit tun? 145
  „Eine soziale Tat großen Stiles" 151

Zwischenruf 155

Ausblick auf einen spirituellen Individualismus 156
  Innere Umwendungen – Aspekte der Freiheit 156
  Vom alten zum neuen Individualismus 159
  Neues Denken 163

Literaturverzeichnis 169

Vorwort

Kollegiale Selbstverwaltung, wie sie an Waldorfschulen geübt wird, ist eine bedeutende Errungenschaft des 20. Jahrhunderts. Im Unterschied zu einer zentral gesteuerten Arbeitswelt einerseits und einer „freien" (aber auch einsamen) Intellektuellen- oder Künstlerexistenz auf der anderen Seite liefert sie die Grundlage dafür, dass der Einzelne seine Gedanken-, Herzens- und Willenskräfte in ein zu gestaltendes Ganzes einbringen kann. Wer sich heute an der Selbstverwaltung einer Waldorfschule beteiligt, sieht das manchmal anders. Er erlebt vielleicht vor allem die sachlichen und menschlichen Schwierigkeiten, die ihn bis zur Erschöpfung fordern und oftmals nicht zufriedenstellend bewältigt werden können. Besonders seit den achtziger Jahren des 20. Jahrhunderts öffnet sich die Schere zwischen Ideal und Wirklichkeit, zwischen Anfordernis und Leistung in dieser Hinsicht. Das hängt vermutlich nicht nur mit der starken Expansion der Waldorfbewegung seit den siebziger Jahren zusammen, sondern auch damit, dass gerade seit damals eine neue, „alternative" Mentalität große Teile unserer Gesellschaft erfasst hat: weg von strikten Regelungen und Vorgaben, hin zu einem selbstbestimmten Leben und Arbeiten. Das aber erfordert neue Fähigkeiten, auf die man sich in der Regel nicht vorbereitet hatte. Daher ist insbesondere die „alternative Ökonomie" auf breiter Front gescheitert.[1] Der damalige Wille zu einem gesellschaftlichen Aufbruch hat in der Zwischenzeit einige Verwandlungen erfahren, ist aber im Großen und Ganzen erhalten geblieben, ja zur Selbstverständlichkeit geworden. Die Frage, wie unter den veränderten Umständen Zusammenarbeit gelingt, darf jedoch bis heute noch nicht als gelöst gelten. – In diese Entwicklung ist auch die expandierende Waldorfbewegung hineingeraten und hat aus der „alternativen" Mentalität manchen Zustrom erfahren, bei Eltern ebenso wie bei Lehrern. Es kommt seither darauf an, den neuartigen Anforderungen des Zeitalters gerecht

---

[1] Näheres siehe K.-M. Dietz, 1988

zu werden. Worauf ist besonders zu achten? Wie kann man das leisten? Die Waldorfschulen mit ihrem zeitlichen Vorlauf von sechs Jahrzehnten können hier zum Vorreiter für den anstehenden Paradigmenwechsel in der Gesellschaft werden.

Ich stelle diesen kurzen Blick auf die Bewusstseinsentwicklung der letzten dreißig Jahre voran, um von vornherein zu betonen: Es kann heute nicht darum gehen, irgendwelche Tricks oder Sozialtechniken zu erfinden, um miteinander auszukommen. Sondern es geht darum, einen Umbruch im großen Stil zu bewältigen, der unsere Gesellschaft mittlerweile weltweit durchzieht. Dass es in einem solchen globalen Wandel auch viel Scheitern gibt, ist nicht verwunderlich und auch nicht tragisch. Es kann die eigene Weiterentwicklung anregen. In diesem Sinne ist das vorliegende Buch geschrieben.

Das Buch möchte weiterhin aufmerksam machen auf eine Entwicklung innerhalb der Selbstverwaltung von Waldorfschulen, die seit kurzer Zeit begonnen hat und in der wir noch mitten darin stehen. Die zunehmenden Schwierigkeiten innerhalb selbstverwalteter Einrichtungen hat man in den letzten Jahrzehnten vor allem durch Arbeit an Strukturfragen und durch professionelle Konfliktlösung zu beheben versucht. Inzwischen gibt es eine ganze Reihe von Schulen mit hervorragenden Strukturen. Aber es geschieht gar nicht so selten, dass es dort trotzdem nicht klappt. Und vielfach ist auch zu beobachten, dass der Konflikt in alter oder neuer Form wieder aufbricht, sobald der Berater seine Arbeit beendet hat. Das gibt zu denken. Hat man vielleicht bei den Bemühungen um Zusammenarbeit etwas Entscheidendes übersehen? Hierzu entwickelt dieses Buch eine Kernthese (im Kapitel „Schulführung").

Ein drittes Anliegen dieses Buches ist es, innere Gesetzmäßigkeiten der kollegialen Selbstverwaltung einigermaßen umfassend darzustellen. Die Kenntnis dieser Gesetzmäßigkeiten ist kein Spezialwissen für Sozialtechniker, sondern notwendige Voraussetzung für jeden, der sich an der Selbstverwaltung beteiligt. Verabredungen, Satzungen oder Prinzipien stehen hier nicht am Anfang, sondern können sich aus der Arbeit ergeben. Was in der Selbstverwaltung konkret geschieht, ist nirgends vorgegeben, sondern von den Beteiligten im gemeinsamen Prozess zu gestalten. Worauf ist da besonders zu achten?

Für die Zukunft der Waldorfschulen scheint mir ein weiterer Punkt wichtig: dass die Eltern der Schüler den ihnen gebührenden Platz in der Selbstverwaltung einnehmen. Dass sie sich selbst als Mitunternehmer der Schule sehen und vom Kollegium entsprechend einbezogen werden, erfordert auf beiden Seiten noch manche Bemühung. In dieser Hinsicht sollte nicht wiederholt werden, was in *Eltern und Lehrer an der Waldorfschule*[2] bereits ausgeführt ist. Das entsprechende Kapitel im vorliegenden Buch hebt hervor, was mir in der Zwischenzeit besonders wichtig erscheint.

In neuerer Zeit identifizieren sich auch immer mehr Oberstufenschüler mit ihrer Schule. Sie laden ein zu Schülertagungen, bei denen oftmals grundlegende Fragen des Unterrichts, der Pädagogik und des Jugendalters zur Sprache kommen. Hier ist z. B. auch an die „Junge Waldorfphilharmonie" zu denken, die sich soeben zum zweiten Mal ereignet hat: eine ganz von Schülern getragene Orchester-Arbeitswoche mit überregionaler Teilnahme, die in öffentlichen Konzertaufführungen ihren Abschluss findet. Hier vereinigt sich die Initiative der Einzelnen zu großartiger Gemeinschaftsleistung – ein nachhaltiges Erlebnis, nicht nur für die Beteiligten! – Insgesamt ist diese außerordentlich wertvolle Schülerbewegung noch zu jung und meine eigene Erfahrung damit zu gering, als dass ich sie in diesem Buch schon ausdrücklich einbeziehen könnte. Von Seiten der Schüler, die ja von Generation zu Generation neue Impulse in die Gesellschaft hineinbringen, ist in Zukunft offensichtlich noch einiges an Erneuerungskraft zu erwarten. –

Im Rahmen des Wirtschaftslebens habe ich zusammen mit Thomas Kracht vor vielen Jahren etwas zu entwickeln begonnen, das wir „Dialogische Führung" nennen. Schon bald kam ich auch mit Waldorfschulen über diese Thematik ins Gespräch. Diesen Begegnungen verdanke ich wertvolle Anregungen und Einsichten und schließlich auch die Aufforderung, Grundlegendes zur Selbstverwaltung einmal im Zusammenhang darzustellen. So ist dieses Buch entstanden.

Sein Aufbau geht vom Einzelnen ins Ganze, von eigenen Erlebnissen zu den Fragen, die sich daran geknüpft haben, und dann weiter zu den Grund-

---

[2] K.-M. Dietz, 2002

lagen der kollegialen Zusammenarbeit als einer Arbeitsform des „freien Geisteslebens". Es mündet ein in Fragen der spezifischen Fähigkeitsbildung (im Kapitel über die dialogischen Prozesse). Die Dimension des Bewusstseinswandels durfte dabei nicht übergangen werden. Und doch sollte die konkrete Tagesarbeit immer vor Augen bleiben. Dem dienen auch die „Zwischenrufe" zwischen den Kapiteln. – Um einer besseren Lesbarkeit willen wurden leichte Überschneidungen zwischen den Kapiteln in Kauf genommen.

Die im Text beigezogenen Fallbeispiele entsprechen wirklichen Begebenheiten. Sie sind so wiedergegeben, dass die betreffenden Schulen nicht erkennbar werden. Aus Platzgründen waren sie auf einige markante Fälle zu beschränken, die als solche nicht typisch, wohl aber symptomatisch sind. Sie lassen wesentliche Errungenschaften oder Probleme in prononcierter Form erkennen. –

Für kritische Durchsicht von Teilen des Manuskripts danke ich Brigitte Dietz sowie Thomas Kracht, Jürgen Paul, Martin Wienert, Petra und Rainer Mewaldt, Susanne Wassenhoven und Frank Fath. Vera Ritzkat hat sich um das Manuskript verdient gemacht und Christa von Grumbkow um Lektorat und Gestaltung des Buches.

Heidelberg, im November 2005

Karl-Martin Dietz

Mein erstes Konferenzerlebnis.
Statt einer Einleitung

Mit hochgespannten Erwartungen betrat ich den Raum, in dem die zentralen Entscheidungen der Schule stattfinden. Mit etwa zehnminütiger Verspätung eröffnete der Konferenzleiter die Sitzung, indem er die Besprechungspunkte vorstellte und zugleich auf die Zeitknappheit hinwies, in der sie behandelt werden müssten. Dann rief er die Punkte einzeln auf. Er nannte die Themen und fragte ohne weitere Einleitung, ob dazu jemand das Wort wünsche. Einzelne meldeten sich und hielten kürzere oder längere Ansprachen. Der Konferenzleiter sorgte dafür, dass jeder in der Reihenfolge seiner Meldung zu Wort kam. Nach kurzer Zeit standen verschiedene Problemfelder nebeneinander im Raum. Sie wurden nicht weiter geordnet. Wer aufgerufen wurde, äußerte sich zu dem Thema, zu dem er sich vor einiger Zeit gemeldet hatte. An den Vorredner anzuschließen, war nur selten möglich. Nach eineinhalb Stunden wurde festgestellt, dass die Zeit abgelaufen sei und man das nächste Mal dasselbe Thema noch einmal besprechen müsse. Ein Zwischenergebnis wurde nicht festgehalten.

Mit einem leicht „schwebenden" Gefühl verließ ich die Sitzung. Bei weiteren, sich anschließenden Konferenzbesuchen hatte ich ähnliche Erlebnisse, die ich nicht recht einordnen konnte: Immer kamen einige zu spät, einige gingen bereits vor Ende der Sitzung. Offensichtlich fehlten auch immer einige ganz, ohne dass die Anwesenden wussten, warum. Ein Kollege erschien regelmäßig erst kurz vor Schluss der Sitzung. Auf Nachfragen wurde mir vorsichtig angedeutet, er käme meistens nur zu den Beschlussfassungen. – Es kam auch manchmal vor, dass während der Besprechung ganz unmerklich das Thema gewechselt wurde. Das schien niemandem aufzufallen. Die Stimmung war streckenweise emotional aufgeladen, ohne dass ich erkennen konnte, woher das kam. Wenn verbale Entgleisungen auftraten, blieb dies ungerügt. Nicht selten wiederholten sich die inhaltlichen Beiträge während einer Sitzung. – Die besprochenen Inhalte betrafen meistens das interne Schulgeschehen. Aufgabenstellungen oder Zielsetzungen für den Unterricht wurden fast nie explizit angesprochen. – Ich versuchte, die Gedankenformen der Besprechung zu verfolgen. Obwohl die behandelten Fragestellungen meistens von aktuellen und konkreten Problemstellungen ausgingen, hatten die ausgetauschten Gesichtspunkte in der Regel allgemeinen, prinzipiellen, oftmals auch moralisch fordernden Charakter. Sie traten außerdem überwiegend in der Form von Einwendungen auf. Selten wurde positiv – zukunftsorientiert und konkret zur Sache geredet. – Zu Beginn der meisten Sitzungen wurden einige kurze „Mitteilungen" gemacht. Aber dabei blieb es selten. Meistens schloss sich doch eine Diskussion an diese „Mitteilungen" an. (Einmal wurde eine solche „Mitteilung" sogar ungeplant zum Hauptthema.) Das trug natürlich erheblich zu der allseits beklagten Zeitnot bei.

Nach solchen Erlebnissen war ich etwas verwirrt. Hatte ich einen schlechten Tag des Kollegiums erwischt? Die beobachteten Elemente traten aber auch später immer wieder auf. Meine vorsichtig geäußerte Verwunderung darüber, dass eigentlich ziemlich selten etwas bei den Konferenzen herauskomme, wurde im Privatgespräch von anderen bestätigt. Ich wusste damals noch nicht, dass es sich dabei um eine öffentlich bekannte Tatsache handelte: „Aufwand und Ertrag der Konferenzen stehen oft im umgekehrt proportionalen Verhältnis zueinander."[3]

Mir wurde immer klarer, dass bei dieser Art von Konferenzgestaltung auch nicht viel herauskommen *kann*. Ich hatte bei meinem ersten Besuch nicht bemerkt, dass das verhandelte Hauptthema bereits zum wiederholten Male Gegenstand eines Konferenzgesprächs gewesen war. Weder war der aktuelle Problemstand am Anfang festgestellt worden, noch ein Ergebnis am Ende. Man kam also mit dem Thema nicht nur nicht zu Ende, sondern es war auch kein wirklicher, sachgetragener Fortschritt zu erkennen. Es fing – mit teilweise wechselnder Besetzung – mehrmals von vorne an. Ich fragte mich, warum das so war. Allmählich wurde mir klar:

Bei der Art der Moderation nach Rednerliste ohne inhaltliche Gliederung *konnte* kein sachlicher Fortschritt erzielt werden, denn man konnte ja

---

[3] S. Leber, 1991, S. 219

nur Erklärungen abgeben, aber kaum jemals in einen sachorientierten Gesprächszusammenhang eintreten. Da jeder wusste, dass er in einer solchen Konferenz wahrscheinlich nur einmal zu Wort kommen konnte, nutzten manche ihre Wortmeldung, um sich zu *sämtlichen* anstehenden Fragen zu äußern. So wurden überwiegend Monologe gehalten. Rückfragen, wie ein Vorredner das Gesagte gemeint habe, und andere Anzeichen aktiven Zuhörens gab es nur ausnahmsweise. Auch der Gesprächsleiter tat nichts in dieser Richtung. Er bediente die Rednerliste und bewachte die Uhrzeit. – Weiter fiel mir auf, dass die Redebeiträge von sehr unterschiedlichem Charakter waren: Meinungsäußerungen, mit deren Begründung man sich kaum Mühe gab; Erfahrungsberichte, oft sehr ausführlich, die aber als solche zu der anstehenden Frage nicht immer etwas beitrugen; Lösungsvorschläge verschiedener Art, die in keinem Gesprächszusammenhang standen (weil es den ohnehin kaum gab) und manchmal von niemandem mehr aufgegriffen wurden. Als einmal ein bekannter Lang- und Vielredner freundlich gebeten wurde, sich doch angesichts der knappen Zeit etwas kürzer zu fassen, beschwerte er sich ausführlich darüber, dass man ihn wieder einmal nicht zu Wort kommen lasse. Ich gewann den Eindruck, dass solche zaghaften Eingriffe des Gesprächsleiters gewöhnlich schon deshalb unterblieben, weil die Rede des „Betroffenen" dadurch eher noch länger wurde. – Je länger ich an solchen Konferenzen teilnahm, um so deutlicher wurde mir auch, dass einige immer wieder dasselbe hervorhoben oder forderten. Und dass die anderen diese Voten nicht selten an sich abprallen ließen. Niemand ging darauf ein. Man wartete einfach, bis es vorüber war. Die Zugriffsschwäche des Konferenzleiters und die Disziplinlosigkeit einzelner Sprecher wurden bald zu einem dominierenden Eindruck. Mit dem Ablauf solcher Konferenzen schienen zwar alle unzufrieden zu sein, aber niemand änderte etwas. Eine gereizte Lustlosigkeit beherrschte manchmal die Sitzungen.

Die wachsende Gewissheit, dass bei einem solchen Ablauf der Konferenzen nichts herauskommen *konnte*, hat mich seither nicht losgelassen. Die Ursachenanalyse fiel nicht schwer: fehlende geistige Kontinuität, keine Chance für wirkliche Erkenntnisse, keine Unterscheidung zwischen Meinungen und Erkenntnisurteilen, Verwechslung von Ideenbildung und Rekurs auf Erfahrungen; wenig Sinn für Abläufe. Dass sich irgendjemand für das, was am Ende herauskam (oder nicht herauskam), verantwortlich gefühlt hätte, war selten zu erkennen.

Später bemerkte ich, dass zu den beschriebenen Phänomenen, die mir zunächst ins Auge fielen, noch andere hinzukommen konnten: Der „Entscheidungsstau", bei dem vor lauter Meinungsäußerung keine wirkliche Gestaltung zustande kommt, wirkt sich natürlich auf das Leben einer Schule lähmend aus. Es gibt immer wieder Fragen, die rechtzeitig entschieden werden müssen – sonst gibt es nichts mehr zu entscheiden. Oft kommt es auch auf die Reihenfolge an. Wenn diese aus den geschilderten Gründen nicht eingehalten werden konnte, dann mussten beispielsweise einzelne Fälle entschieden werden, ohne dass ein Einvernehmen über die prinzipielle Linie hergestellt war. Und so stellte sich für mich allmählich heraus, dass es neben den vielen *nicht*gefassten Entschlüssen eine ganze Reihe von vorschnellen und wenig durchdachten Entscheidungen gab. Bei ihrer Umsetzung ergaben sich alsbald unvorhergesehene Probleme, die kaum beherrschbar schienen. Und so unterblieb manchmal einfach die Ausführung. Für manche Beschlüsse traf offenbar beides zugleich zu: Sie wurden bis zum letzten Moment hinausgezögert und dann ohne gründliche Abwägung gefasst. – Solche entweder nicht gefassten oder nicht vollziehbaren Beschlüsse waren natürlich trotzdem im Hintergrund immer „anwesend", und so kam ich mir manchmal vor wie in einem englischen Spukschloss: Außer Menschen und Haustieren gibt es da noch Gespenster, die ihr Spukwesen treiben. Das Bild vom „Gespenst" drängte sich mir auch insofern auf, als die Art der Konferenzgestaltung, die ich da erlebt hatte, zwei Dinge gleichzeitig unmöglich machte: Weder konnten sich die Einzelnen mit ihren individuellen Einsichten und Handlungsimpulsen einbringen, noch kam etwas wirklich Gemeinsames zustande. Man umschwebte bleich und leidvoll die Wirklichkeit. Das wurde für mich zum Anlass, darüber nachzudenken, ob vielleicht das Individuelle und das Gemeinsame unmittelbar und positiv miteinander zusammenhängen, und nicht, wie man meistens annimmt, sich umgekehrt proportional verhalten – je mehr Individuelles, um so mehr Gemeinsames also, und umgekehrt. – Von dieser Fragestellung ausgehend sagte ich mir: Es müsste doch möglich sein, ein Konferenzgeschehen so zu gestalten, dass wirklich etwas dabei herauskommt. Über diese Frage habe ich mich viele Jahre lang mit vielen Menschen ausgetauscht, immer neue Erfahrungsfelder gesucht und meine wachsenden „Einsichten" in verschiedenen Schulgemeinschaften zur Debatte gestellt. Was dabei bis jetzt herauskam, ist in den folgenden Kapiteln beschrieben.

Zwischenruf:
Wenn aber die Zeit nicht reicht ...?

Unter den beschriebenen Verhältnissen leiden viele. Fragt man nach den Ursachen, so taucht regelmäßig die persönliche Überlastung aufgrund eines übergroßen Zeitdrucks auf. Ihn gilt es ernst zu nehmen. Am auffälligsten waren für mich folgende Faktoren:

1. Unpünktlichkeit
   Von der zur Verfügung stehenden Besprechungszeit gehen in manchen Kollegien offenbar 10-15% durch Unpünktlichkeit der Teilnehmer verloren.

2. Fehlplanung
   Wichtige Angelegenheiten, die bis zu einem gewissen Zeitpunkt entschieden sein müssen, kommen zu spät auf die Tagesordnung. Dann gibt es am Ende Gedränge, und das nächste wichtige Thema wird verschoben.

3. Falsche Reihenfolge
   Tagesordnungspunkte haben oftmals aus inhaltlichen Gründen eine natürliche Reihenfolge. Wird sie nicht eingehalten, gibt es Verwirrung und Zeitverlust.

4. Unwichtiges zuerst
   Man kann, einer bekannten Theorie zufolge, alle anstehenden Entscheidungen einteilen in wichtig oder unwichtig einerseits und dringend oder nicht dringend andererseits. Am besten fährt, wer Wichtiges rechtzeitig, d. h. als „nicht dringend" behandeln kann. Unbefriedigend ist, wenn immer Unwichtiges dringend wird, d. h. hier und jetzt ohne Rücksicht auf wichtige Angelegenheiten entschieden werden muss.

5. Fehlende Delegation
   Unwichtiges kann auch dadurch dringend werden, dass man meint, alles im großen Kreis entscheiden zu müssen. Es gibt aber vieles, das auch von Einzelnen nebenbei entschieden werden kann, z. B. vom Gesprächsleiter oder dem Schulführungskreis; ganz abgesehen von förmlichen Dele-

gationen zu bestimmten Bereichen der Selbstverwaltung, von denen später noch die Rede sein wird.

6. Disziplinlosigkeit

   Viel Zeit geht erfahrungsgemäß auch dadurch verloren, dass einzelne Teilnehmer zu lange reden, sich unnötig zu Wort melden (was sie sagen wollen, ist bereits von anderen gesagt), nicht beim Thema bleiben oder die Tagesordnung nicht einhalten.

7. Intransparenz nach innen und außen

   Zeitverlust tritt auch dann ein, wenn nicht alle auf dem gleichen Stand des Geschehens sind. Man redet und arbeitet aneinander vorbei.

8. Konflikte

   Nicht zuletzt aus der Intransparenz entstehen oftmals auch die Konflikte. Sie behindern den Fortgang und brauchen ihrerseits viel Zeit zur Bewältigung. Manchmal bringen sie die gesamte Selbstverwaltung zum Erliegen. – Sind sie einmal entstanden, bedarf es der Fähigkeit aller Beteiligten, damit umzugehen. Von prinzipieller Bedeutung scheint die Fähigkeit, ihre Entstehung möglichst zu vermeiden. Sie haben erfahrungsgemäß immer wieder ähnliche Ursachen.

Es dürfte sich für jedes einzelne Kollegium lohnen, einmal zu fragen, aus welchen Gründen dort Zeitdruck zustande kommt. Hat man sie analysiert, ist dem Druck auch abzuhelfen. – Die hier aufgezählten Faktoren werden fast alle in den folgenden Kapiteln noch einmal aufgegriffen.

Die Kunst der Moderation

Die Gründung der ersten Waldorfschule in Stuttgart im Jahre 1919 stand in einem großen gesellschaftlichen Zusammenhang. Es ging darum, nach den Katastrophen des Ersten Weltkrieges die Verhältnisse neu zu ordnen. Im Rahmen dieses Versuchs zu einer „Dreigliederung des sozialen Organismus" ist die Ausbildung eines „freien Geisteslebens" besonders wichtig. Es dient der Ideenfindung auch für die beiden anderen Gebiete, das politische und das wirtschaftliche. Innerhalb des freien Geisteslebens kommt dem Unterrichtswesen eine besondere Bedeutung zu, denn hier werden die Weichen für die Zukunft der Gesellschaft gestellt.[4]

Das Ganze entsteht im Prozess

Worin unterscheidet sich eine selbstverwaltete Schule von einer staatlich verwalteten? In der staatlich verwalteten Schule ist das Ganze vorgegeben. Dem Einzelnen obliegt es, sich als Glied dieses Ganzen zu verstehen und entsprechend zu verhalten. Die Rollen des Kultusministers, des Parlaments, des Schulamts, des Schuldirektors und seines Stellvertreters, der Fachleiter, aber auch die Rollen der Eltern und Schüler liegen weitgehend fest. Die Unterrichtsstoffe sind (mit gewissen Varianten) verordnet, ebenso die Lehrmethoden und die Lernziele. Prinzipiell ist alles geregelt; der einzelne Pädagoge ist zum bestmöglichen Vollzug dieser Regelungen verpflichtet. Dieses Prinzip gilt auch da, wo seit einigen Jahren die Tendenz besteht, überflüssige Verordnungen zu streichen und die Entscheidungsfreiheit der einzelnen Schule (des Schulleiters) zu verstärken. Die aufgestaute Regelungsdichte hatte sich allmählich selbst ad absurdum geführt: Niemand konnte mehr die Fülle der bestehenden und ständig neu hinzukommenden Vorschriften bewältigen. Gleichzeitig sieht man allmählich ein, dass es unnötig und unsinnig ist, Detailfragen „von

---

[4] S. Leber, 1982; S. Leber (Hg.), 1977; D. Brüll, 1984; B. Hardorp, 1986

oben", d. h. für alle betroffenen Schulen in gleicher Weise zu regeln. Man besinnt sich auf ein bewährtes Prinzip der sozialen Gestaltung, die Subsidiarität: Was vor Ort entschieden werden kann, muss nicht von oben vorgegeben werden. Ein Verlust an Einheitlichkeit in der Durchführung wird billigend in Kauf genommen. Auch wenn hier die Vernunft der Einzelnen zunehmend ihre Chance bekommt, bleibt doch das Prinzip bestehen, dass das Ganze von oben vorgegeben wird. „Der Staat" diversifiziert sich, aber er zieht sich nicht zurück. – Dass es an staatlichen Schulen trotzdem herausragende individuelle pädagogische Leistungen gibt, liegt nach meiner Beobachtung daran, dass Einzelne bestimmte Regeln souverän überspielen. Wenn z. B. mit Interesse an der Entwicklung der Kinder unterrichtet wird, dann geht das prinzipiell über alles hinaus, was angeordnet werden kann. Interesse, Geistesgegenwart und Initiative können weder vorgeschrieben noch durch Vorschriften behindert werden. Insofern scheint mir ein Hauptproblem der staatlichen Schulen in ihrer inneren Widersprüchlichkeit zu liegen: Auf der einen Seite setzt man bei Lehrern und Eltern voraus, dass sie mündige Bürger sind, andererseits wird ihnen diese Mündigkeit ausgerechnet bei der Verwirklichung der Persönlichkeitsentwicklung durch die Vorgabe von Unterrichtszielen und -methoden aberkannt.[5] – Über all dies ist hier nicht weiter zu handeln.

Das staatliche Schulwesen gibt die Folie ab, vor der klarer werden kann, worin das Eigentümliche der selbstverwalteten Schule besteht: Hier ist das Ganze nicht vorgegeben, sondern es entsteht fortlaufend durch die Zusammenarbeit der Einzelnen. Der Einzelne hat nicht die Aufgabe, sich im Rahmen eines vorgegebenen Ganzen zu betätigen, sondern vielmehr das Ganze durch seine tägliche Arbeit überhaupt erst zu gestalten und weiterzubringen. Das ist etwas ganz anderes als Subsidiarität oder Partizipation. Diese setzen eine Zentralgewalt voraus, die von ihren Kompetenzen etwas abgibt, im Ganzen aber bestehen bleibt. Bei den Waldorfschulen gibt es eine solche Zentralgewalt ebenso wenig wie es ein vorgegebenes Ganzes gibt. Daher gibt es auch keine übergeordneten Vorschriften. Jede einzelne Schule setzt sich ihre Ziele und Arbeitsbedingungen selbst. Das heißt nicht, dass sie ihre Eigenständigkeit ausleben *darf*, sondern dass sie eigenständig handeln *muss*. Denn ohne gelebte

---

[5] H. H. Vogel, 1970², S. 75-79, S. 98-104

Eigenständigkeit der einzelnen Schule gibt es keine Waldorfpädagogik! – Das gilt seit der Begründungszeit der ersten Waldorfschule 1919. Wer die (gut dokumentierten) Äußerungen Rudolf Steiners in dieser Hinsicht studiert, wird darin nichts Normatives finden, das über allgemein-menschliches Wohlverhalten hinausgeht, wohl aber viel Spezifisches, Konkretes und Individuelles; vor allem: Anregungen für bestimmte Menschen. Wenn daraus später hie und da Prinzipien destilliert wurden, so war da wohl eher geistige Bequemlichkeit am Werk. Selbst die manchmal aufgeworfene Frage, was „Waldorf" sei und was nicht, kann nicht durch Definitionen oder als Regelwerk und schon gar nicht als Maßnahmenkatalog beantwortet werden. Das muss sich jede Schulgemeinschaft selbst erarbeiten. Natürlich gibt es überall Traditionen; durch diese wird eine durchaus wünschenswerte Kontinuität hergestellt. Aber sie dürfen nicht mit Normen verwechselt werden. Jede Schule ist frei, sich nach innen und außen ihre eigene Gestalt zu geben. Dagegen hat mir einmal jemand eingewandt: ohne die Menschenkunde Rudolf Steiners sei Waldorfschule doch wohl nicht denkbar! Dem kann man gerne zustimmen; aber auch in der Menschenkunde findet sich nichts Normatives. Sie leistet eine Blicklenkung auf den werdenden Menschen; sie dient der Befähigung der Einzelnen.

Den entscheidenden Unterschied der Selbstverwaltung zur Fremdverwaltung kann man sich am Bild des Flusses klarmachen: Die meisten unserer heutigen Flüsse sind Kanäle. Das Bett ist befestigt. Darin fließt täglich immer neues Wasser. Das ursprüngliche Verständnis von Fluss ist aber ein anderes: fließendes Wasser gräbt sich sein Bett in der Auseinandersetzung mit seiner nichtfließenden Umgebung (dem Gestein). Je mehr Wasser fließt, um so mehr vertieft und verfestigt sich das Bett – es bleibt aber variabel. Jeder Fluss, den man nicht zum Kanal macht, neigt zum Mäandrieren. Habe ich also einen Fluss in seiner gegenwärtigen Gestalt vor mir, so kann ich mir klarmachen: Das Bett ist keineswegs unveränderlich. Es ist ein Ergebnis früheren Fließens. Gleichzeitig bestimmt es aber auch das gegenwärtige Fließen des Flusses. Um „Fluss" zu begreifen, kommt man mit linear-kausalem Denken nicht aus. Ähnliches gilt für eine selbstverwaltete Schule. Auch hier kann nicht heute plötzlich alles ganz anders sein als gestern, und doch ist die sichtbare Gestalt einer Schule Ergebnis der einzelnen Tätigkeiten in ihr. Die Tätigkeit der Einzelnen bedeutet nicht den Vollzug einer vorgegebenen Gesamtgestalt. Der persönliche Beitrag erschöpft sich nicht in der Realisierung einer zugelassenen Variationsbreite.

Damit ist eine erste praktische Frage der Selbstverwaltung aufgeworfen: Wie halten wir gemeinsam das Geschehen „in Fluss"? Da das Wesentliche in Gesprächen stattfindet, ist dies zunächst einmal eine Frage an die Gesprächsführung. Der Moderator leistet einen zentralen Beitrag zum Gelingen des Schulgeschehens. Das wird auf den folgenden Seiten, in engem Anschluss an das Einleitungskapitel, im Einzelnen erläutert. – Wir können vier Funktionen der Moderation unterscheiden:

1. Die Ausgangslage klären

Die Kunst der Moderation beginnt bereits vor der Moderation. Ist die aktuelle Themenstellung den Anwesenden hinreichend klar? Ist die Tagesordnung rechtzeitig bekannt gegeben worden? Dokumente und Tischvorlagen werden vorher verteilt; sonst hat man sie nicht gelesen oder man kann sich nicht am Gespräch beteiligen, während man sie liest. Die Fragestellung, um die es geht, wird zu Beginn erläutert, gegebenenfalls wird der Sachstand referiert, mit dem sie beim letzten Mal vertagt wurde. Zeitrahmen und Vorgehensweise werden festgelegt. Neben der Klärung der Ausgangslage ist auch die Zielsetzung des Gesprächs wichtig. Will man sich nur über vorherrschende Ansichten oder Erfahrungen verständigen, dient es der gemeinsamen Beratung oder soll es in eine Beschlussfassung münden? Bis wann muss die Erörterung abgeschlossen sein?

Sorgfalt bei der Vorbereitung erleichtert das nachfolgende Gespräch erheblich. Sie ermöglicht auch größere Wachsamkeit bei Abschweifungen oder unwillkürlichem Themenwechsel. Es ist deshalb selbstverständlich, dass am Gespräch nur teilnehmen kann, wer von Beginn an anwesend war. Die ersten fünf Minuten sind entscheidend!

Danach empfiehlt es sich oftmals, eine Einstiegsrunde zu machen, bei der jeder zu dem anstehenden Thema kurz Stellung nehmen kann. Die sich daraus ergebenden Fragestellungen werden für alle sichtbar aufgeschrieben. Der Moderator legt dann die Reihenfolge der Behandlung fest. Auch dabei hilft ein Tafelanschrieb. Diese Runde dient nicht der Vorwegnahme von Ergebnissen, sondern, im Gegenteil, der Vorbereitung einer fruchtbaren Erörterung.

Dabei kann es geschehen, dass sich an irgendeiner Stelle der Einleitungsrunde – es dauert meistens gar nicht lange – ein Teilnehmer doch auf ein voriges Votum bezieht und damit eine Diskussion vom Zaune bricht. Der Moderator hat die Aufgabe, solches unbedingt zu unterbinden. Sonst beherrschen die Disziplinlosen das Gesamtgeschehen und die Einleitungsrunde wird zur Farce. Ist man nicht bereit, sie konsequent durchzuführen, unterlässt man sie lieber.

2. Aktiv moderieren

Die Zusammenhänge wahren

Ein Kollegiumsmitglied hat einmal folgenden Eindruck beschrieben, der dann von vielen anderen bestätigt wurde: Wir sind als Kollegium eine zusammenarbeitende Gemeinschaft. Einzeln kommen wir miteinander aus, schätzen uns und leisten Erhebliches. Kaum sitzen wir in einer Konferenz, reden wir aneinander vorbei, regen uns gegenseitig auf, und es kommt in sachlicher Hinsicht oftmals wenig dabei heraus. Nach Schluss der Konferenz sind wir uns darüber einig, wie furchtbar es doch wieder war. Und doch wird es das nächste Mal wieder genauso furchtbar. Woran liegt das nur? – Den Deutschlehrern (oder anderen Spaßvögeln) fällt an dieser Stelle ein Distichon von Schiller ein: „Jeder, sieht man ihn einzeln, / ist leidlich klug und verständig. / Sind sie in corpore, gleich / wird euch ein Dummkopf daraus."[6] Aber dies besagt auch nur, dass das Problem seit über 200 Jahren ungelöst ist. – Wer hier Abhilfe sucht, könnte einmal mit der Art der Moderation beginnen. Eine Gesprächsleitung, die im Wesentlichen die Reihenfolge der Beiträge nach Rednerliste festlegt, macht einen wirklichen Dialog unmöglich. Man *kann* gar nicht aufeinander eingehen. Monologisieren ist unausweichlich. Der Moderator muss ermächtigt und in der Lage sein, nach Sinneinheiten zu moderieren. Das

---

[6] F. Schiller, 1980, S. 288

setzt Geistesgegenwart voraus: Um welche Fragestellung geht es gerade? In welchem Verhältnis steht sie zu dem bereits Gesagten und zu dem, was noch für später ansteht? Was kann sofort behandelt, was muss zurückgestellt (und dann auch wieder aufgerufen!) werden? Empfehlenswert ist es, die bereits behandelten ebenso wie die zunächst ausgeklammerten Themen für alle sichtbar aufzuschreiben. Der Übergang zum nächsten Thema wird dann gemeinsam vollzogen. Das Ergebnis des jeweiligen Gesprächsabschnitts wird kurz festgehalten. Zusammenfassungen des Moderators sind auch sinnvoll bei längeren Voten eines Teilnehmers: Wurde richtig verstanden, was er gemeint hat? Was war das Wesentliche? Gerade längere Reden – die ja manchmal nicht zu vermeiden sind – laden die Nachfolger dazu ein, an irgendwelchen Stellen des Gesagten anzusetzen und dadurch die Themenstellung zu sprengen. Besonders gefährlich sind hier Beispiele oder Vergleiche. Sie geben oft Veranlassung, alles Mögliche, das gar nicht zur Debatte stand, daran anzuknüpfen. Man kann geradezu sagen: Wer verhindern will, dass ein Gespräch zu einem sinnvollen Ende geführt wird, der bringt ein Beispiel ein, das nicht ganz passt. Daraufhin stürzen sich gewöhnlich mehrere Teilnehmer lustvoll auf dieses Beispiel, um es zu zerlegen. Das ursprüngliche Thema ist verlassen: Das „Beispiel" ist jetzt kein Beispiel mehr, sondern Hauptthema. Der Gesprächsfaden ist gerissen, das Ziel aus dem Auge verloren. Das Fallbeispiel ist zur Beispielfalle geworden.

Auch das Umgekehrte kann vorkommen. Man wollte im Gespräch an einer konkreten Situation ansetzen oder ein bestimmtes Problem lösen – aber nach kurzer Zeit reden alle über Allgemeines, Prinzipielles und über die Weltentwicklung im Besonderen. Man unterhält oder streitet sich über Prinzipien und gerät damit weit weg vom konkreten Leben. Die Einzelnen packen ihre Lebenshaltungen aus, koalieren und kollidieren – eine muntere Debatte, die aber zur anstehenden Fragestellung wenig beiträgt. Zumal dann, wenn altbekannte Positionen aufeinanderprallen. Die Kunst besteht jedoch darin, die allgemeinen Erörterungen immer wieder auf die Ausgangssituation des Gesprächs zurückzuführen. Man hat eine bestimmte Situation zu lösen und kann dies selbstverständlich nicht, ohne sie in einen größeren Rahmen hineinzustellen. Und doch kann es nach kurzer Zeit geschehen, dass das Allgemeine und Prinzipielle zur Hauptsache geworden und die eigentliche Ausgangsfrage zum mehr oder weniger passenden Fallbeispiel herabgewürdigt ist. Dieser unmerkliche, meist von niemandem beabsichtigte Themenwechsel ist ein weiterer Grund dafür, dass Konferenzgespräche manchmal unbefriedigend verlaufen.

Eine spezielle Aufgabe erwartet den Moderator dann, wenn über eine Behauptung debattiert wird, die sachlich gar nicht zutrifft. Wenn sich zum Beispiel jemand gegen eine Position wendet, die niemand vertreten hat. Die so geschmähte Position findet manchmal nachträglich ihre Verteidiger. Und schon hat man wieder das Thema gewechselt, ohne es zu merken. Das ist oftmals der Anfang von Verunglimpfungen, Unterstellungen und sonstigen Verstößen gegen die Wahrhaftigkeit. Die Betroffenen selbst können sich naturgemäß schlecht wehren. Wessen Glaubwürdigkeit durch eine Unterstellung in Zweifel gezogen ist, der kann selbst am wenigsten dagegen tun. Manchmal verzichtet er auch darauf, weil er sich auf dieses Niveau nicht begeben will, und zieht sich zurück. Nicht wenige Konflikte, die sich später als verhängnisvoll herausstellen, haben in einem Frühstadium auf diese Weise Nahrung gefunden. Der Moderator muss sich deshalb als grimmiger Verteidiger der Wahrhaftigkeit bewähren. – Ich habe mich immer wieder gewundert, wenn Einwürfe, die Behauptung des Vorredners sei doch sachlich falsch, einfach übergangen wurden. Wenn Wahrheitsfragen berührt sind, kann man sie nicht einfach dem „freien Spiel" der Meinungen überlassen. Man muss die Debatte unterbrechen und den Sachverhalt klären, auch wenn es Zeit kostet (die spart man hinterher leicht wieder ein!). Hierzu ist die Fähigkeit erforderlich, zwischen Meinungsbildung und Erkenntnisurteil zu unterscheiden – eine Fähigkeit, die in unserem subjektorientierten Zeitalter nicht gerade zu den Selbstverständlichkeiten gehört. Aber ohne sie ist ein Schulorganismus nicht zu gestalten (Näheres dazu s. u. unter „Transparenz"). – So viel zur Verantwortung des Moderators für einen *sachlich tragfähigen* Gesprächsverlauf.

Den Intentionen gerecht werden

Eine weitere Aufgabe des Moderators besteht darin, den Gesprächsteilnehmern *als Menschen gerecht zu werden*. Gewöhnlich beschränkt sich diese Bemühung darauf, möglichst jeden zu Wort kommen und ausreden zu lassen. Wenn jeder aussprechen konnte, was ihm am Herzen lag, so ist das aber noch nicht alles. Ist in der Runde auch das zur Geltung gekommen, was *gemeint* war? Konnte sich der Sprecher verständlich machen? Für den Moderator ist es eine eherne Pflicht, Schattenboxen gegen missverstandene Äußerungen zu verhindern. Denn ein Missverständnis, das im Gespräch bleibt, ist nicht nur einfach ein Missverständnis, sondern es gebiert immer neue Missverständnisse. Es wird zu einem sozialen „Gespenst" (s. o.).

Aber nicht nur das konkret *Gemeinte* muss zur Geltung kommen, wenn ein Gespräch sinnvoll verlaufen soll, sondern man muss auch den Impuls mithören, aus dem der Sprecher geredet hat. Worauf wollte er *eigentlich* hinaus? Wollte er einen Sachverhalt klären, sein Befinden ausdrücken oder eine Handlung anregen? Welche Intention steckt hinter seinen Worten? Was „hört" ein Zuhörer vielleicht nur aufgrund eigener, mitgebrachter Erwartungen heraus?

In einem Elternabend der 9. Klasse bat ein Vater darum, doch einmal den Charakter der gerade beginnenden Oberstufe zu beschreiben: ihre pädagogischen Anliegen, ihr besonderes Profil an dieser Schule, und vielleicht auch einige besondere Ereignisse (Klassenfahrten, Klassenspiele, Praktika usw.). Worauf hat man sich einzustellen? – Antwort der (damit offenbar überforderten) Lehrerin: Er solle sich doch keine Sorgen wegen der Abschlüsse machen. Das ginge schon alles gut. Die meisten Eltern waren entsetzt, denn die Abschlüsse hatte niemand im Sinn gehabt. Natürlich kam es, wie es kommen musste. Eine ängstliche Mutter schreckte bei dem Stichwort „Abschlüsse" auf und äußerte dazu Besorgnisse. Die Lehrerin fühlte sich bestätigt. Andere Eltern versuchten, die Besorgnisse auszuräumen. Und schon hatte man – allseitig ohne große Kenntnisse – eine Debatte über die Abschlüsse, die an dieser Stelle niemand gewollt hatte. Mehrere Eltern setzten sich ein, aber es gelang nicht, das Thema „Abschlüsse" wieder aus dem Verkehr zu ziehen. – Beim nächsten Elternabend wurde die Frage nach dem Profil der Oberstufe wieder eingebracht, wieder vergeblich. Beim dritten Elternabend wurde dann ein „erfahrener" Kollege beigezogen, um etwas über die Oberstufe zu sagen. Er sprach aber nicht über deren Profil, sondern letztlich nur darüber, warum junge Menschen in der Pubertät manchmal etwas schwierig sind, und strapazierte dabei mehrmals den Ausdruck „Menschenkunde". Mit der ursprünglichen Fragestellung hatte dies alles nichts zu tun. Das wurde ihm auch gesagt – er hatte aber seinen Auftrag anders verstanden. Danach reichte es eini-

gen Eltern, und sie blieben hinfort den Elternabenden dieser Klasse fern. Möglicherweise wird ihnen das nun als „Desinteresse an der Schule" angelastet. Und wenn die Klassenbetreuerin nicht gestorben ist, dann glaubt sie heute noch, die Eltern hätten es vor allem auf Abschlüsse abgesehen. – Es hat mich noch lange beschäftigt, warum dieser Gesprächsversuch vor aller Augen, zum Entsetzen vieler und doch unlenkbar auf die Katastrophe zulief wie die Titanic auf ihren Eisberg. Hier hätte ein ebenso sensibler wie energischer Moderator etwas ausrichten können. Die Gesprächsleiterin des Abends hatte jedoch die Fragestellung der Eltern zwar vernommen, aber unlösbar mit einer selbsterfundenen Intention („Abschlüsse") verknüpft. Und andere, die das zurechtzurücken versuchten, wurden unter dieselbe angebliche Intention subsumiert: „Bei Ihrem Kind brauchen Sie doch nun wirklich keine Angst zu haben wegen des Abiturs." Jeder Klärungsversuch machte die Situation nur schlimmer.

An dem geschilderten Vorfall kann man ermessen, dass einem Moderator in besonderen Fällen die Aufgabe der Feuerwehr zufallen kann: löschen um jeden Preis, ohne Rücksicht auf Löschwasserschäden. So müssen Unterstellungen einer bösen Absicht offen hinterfragt und Verunglimpfungen oder Drohungen, aber auch notorisches Missverstehen der Intention sofort unterbunden werden. Sonst hat das unabsehbare Folgen. – Die Verantwortung dafür trifft dann nicht nur denjenigen, der sich schlecht benommen hat, sondern auch alle anderen, die es toleriert haben. Von Erich Kästner lernen wir: „An allem Unfug, der passiert, sind nicht etwa nur die schuld, die ihn tun, sondern auch die, die ihn nicht verhindern."[7]

Ein produktives Klima herstellen

Damit ist eine dritte Aufgabe des Moderators berührt: auf gewisse Formen zu achten. Wenn Ideenfindung angesagt ist, darf man z. B. keine Einwände zulassen (sonst ziehen sich die Ideen sofort zurück). Das ist ein weithin bekanntes Gesetz, gegen das aber immer wieder verstoßen wird. Weiter geht es darum, Gesprächstricks zu bemerken (Killerphrasen, Argumentationsspiele, den strategischen Einsatz persönlicher „Betroffenheit" usw.).

---

[7] E. Kästner, 1995, S. 103

Das Gelingen eines Konferenzgesprächs hängt auch davon ab, dass die am Anfang herausgearbeiteten Fragestellungen möglichst lange offen bleiben. Prallen geschlossene Vorstellungen aufeinander wie geharnischte Ritter im Turnier, dann wird die Auseinandersetzung langwierig, nervtötend und unfruchtbar. Sie endet bestenfalls in einem Kompromiss. In dem Maß jedoch, in dem es gelingt, Fragen offen zu halten, wächst die Chance dafür, dass sich *neue* Lösungen während des Gesprächs einstellen. Fokussiert sich das Gespräch zu früh auf eine bestimmte Lösung, tut der Moderator gut daran, vergessene Aspekte einzubringen oder auch einfach *alle* bisherigen Aspekte noch einmal zusammenzufassen. Dann zeigt sich der weitere Klärungsbedarf meist von selbst.

Die vornehmste Aufgabe des Moderators ist es, ein Klima herzustellen, in dem die Einzelnen geistig produktiv werden können und die geäußerten Ideen eine angemessene Aufnahme in der Gemeinschaft finden. Neu entstandene Ideen treten ja oft in einem sprachlich unzureichenden Gewand auf. Sie bedürfen noch einer angemessenen Formulierung. Die kann man gemeinsam fördern durch positives Nachfragen, man kann sie aber auch durch Einwände verhindern. (Dazu Näheres unten bei der Erörterung der „Beratung".)

Insgesamt könnte man sagen: Die Tugend des Moderators hat zwei Seiten. Auf der einen Seite braucht er die notwendige Sturheit, um durchzusetzen, was er für richtig hält. Auf der anderen Seite kann er – je nach Geschicklichkeit – geistig anregend im Gesprächszusammenhang wirken. Er kann durch seine Nachfragen das Gewohnte fremd machen, indem er es von einer ungewohnten Seite beleuchtet. Und umgekehrt kann er das fremd Erscheinende vertraut machen, indem er es an bekannte Gegebenheiten anknüpft. Er kann so die Kollegen in ihren Gewohnheiten stören und die Eigentätigkeit der Einzelnen anregen. Das ist eine wichtige Führungsaufgabe.

3. Den Gesprächsprozess verantworten

Das Ziel im Auge behalten

Wer die hohe Kunst des Moderierens beherrscht, der bemerkt auch – so seltsam es klingen mag –, was *nicht* gesagt wird. Dazu gehören beispielsweise fehlende Informationen, fehlende Aspekte eines Sachverhalts oder fehlende Kompetenzen. Ungeübte Sprecher lassen oft unausgesprochen, woran sie bei ihrem Votum gedacht haben: Hintergrundwissen, vorausgehende Debatten zum selben Thema, im Kreis der Versammelten bekannte Positionen usw. Sie reden über ihr besonderes Anliegen, setzen aber ihnen selbstverständlich Erscheinendes stillschweigend voraus. Dadurch bedarf es großer Anstrengung, sie zu verstehen. Hier das Unausgesprochene zur Sprache zu bringen, ist eine wichtige Aufgabe des Moderators.

Es kann sich für den Moderator durchaus lohnen, zwischendurch einmal abzuschätzen, welche Voten subjektorientiert waren (persönliche Betroffenheit, Interessenlage usw.), wo zur Sache geredet wurde und wo über eine sachorientierte Betrachtung hinaus ein inneres Engagement für das Gemeinsame erkennbar war. Aus der so gewonnenen Einschätzung gewinnt der Moderator Anregungen für sein weiteres Vorgehen. Spricht jemand in Abwehr eines drohenden Beschlusses, den er von vornherein nicht haben wollte und auf dessen Diskussion er sich gar nicht wirklich einlässt? Oder ist der Wille spürbar, eine Zukunft zu gestalten, auch wenn sie im Einzelnen noch nicht vor Augen liegt? Auf persönliche Betroffenheiten wird man anders eingehen als auf die Beschreibung von Sachverhalten. Ernstzunehmen ist ja beides, aber die Verwechslung von Befindlichkeit und Sachverhalt hat schon viel Unheil angerichtet. Wenn jemand sich emotional gegen etwas verwahrt, kann das bei anderen ankommen wie ein sachlicher Einwand. Man redet dann „zur Sache", obwohl man „zur Person" reden müsste. Häufiger noch scheint mir das Umgekehrte aufzutreten: Wenn jemand auf einen Sachverhalt verweist, wird das oft so aufgefasst, als vertrete er damit lediglich persönliche Interessen (wie beim oben erwähnten Beispiel mit dem Schulprofil). Der Moderator braucht für diese Problematik ein waches Auge.

Bei langen Debatten schwindet manchmal das Bewusstsein dafür, dass es in dem Konferenzgespräch nicht in erster Linie darum geht, die Versammelten zufrieden zu stellen, sondern darum, gemeinsam eine Aufgabe zu lösen. Ich habe es schon miterlebt, dass ein Problem zur Zufriedenheit aller Anwesenden „gelöst" wurde, diese Lösung aber keinen Bestand in der Wirklichkeit hatte, z. B. den Schülern und Eltern gegenüber, da wichtige Sachverhalte unberücksichtigt geblieben waren.

So forderten einmal mehrere Fachlehrer mehr Unterrichtsstunden für ihre Fächer in bestimmten Klassen. Nach langer Debatte stellte die Konferenzleitung ohne weitere Vorbereitung die Abstimmungsfrage: ob die geforderten Mehrstunden zugebilligt würden. Die daran Interessierten stimmten dafür, die Unbeteiligten waren nicht dagegen, und so ergab die Abstimmung eine ziemliche Katastrophe: Die Summe der beschlossenen Mehrstunden war so hoch, dass sie einer Veränderung des Schulprofils gleich kam, den Protest der Eltern und Schüler hervorrief und langwierigen Unfrieden stiftete. – Selbstbedienungsmentalität hatte sich ungehindert durchgesetzt. Die Frage ist nur, ob nicht auch den Gesprächsleiter ein Verschulden trifft. Hätte er die Abstimmungsfrage wirklich so stellen dürfen, ohne das Gesamtbild zu hinterfragen, das den einzelnen Kollegen offenbar gleichgültig war?

Vorschnelle Zufriedenheit zu verhindern, wenn dabei die sachlichen Gesichtspunkte aus dem Blick geraten, ist Sache des Moderators, wenn es kein anderer macht. Hier wie bei vielen anderen Gelegenheiten zeigt sich seine subsidiäre Aufgabe: Er muss an alles denken, aber nur eingreifen, wenn es nicht von anderer Seite geschieht.

Wer das Ziel im Auge behält, wird auch leicht bemerken, wann eine Beratung „zu Ende" ist: wenn keine neuen Ideen mehr auftauchen. Sonst wird auch dann noch weiter geredet, wenn schon alles gesagt ist, nur noch nicht von jedem (Karl Valentin).

Positivität

Was der Moderator tun kann, um eine für den Gesprächsverlauf geeignete Atmosphäre zu fördern, ist oft beschrieben worden.[8] Er kann sich außerdem bemühen, eine förderliche *geistige* Atmosphäre herzustellen. Das gelingt allerdings nur – mehr noch als bei den zuvor erwähnten Aufgaben –, wenn ihn die übrigen Gesprächsteilnehmer nicht auf einsamem Posten stehen lassen.

In der westlichen Kultur der Neuzeit leben Debatten in der Regel davon, dass man auf das Unzureichende des Vorredners hinweist. Der Fort-

---

[8] F. Schulz von Thun, 2002[36]

schritt der Erkenntnis geschieht durch den Widerspruch: Thesis – Antithesis – Synthesis. Wenn dieses Vorgehen nicht in unfruchtbare Polemik ausarten soll, setzt es eine hohe dialektische Schulung voraus. Aber auch wenn diese gegeben ist, hat das dialektische Vorgehen einen Pferdefuß: Mit jedem geäußerten Einwand wird auch die Persönlichkeit des kritisierten Vorredners beschädigt. Denn jeder identifiziert sich natürlich ein Stück weit mit seiner Aussage. Schließlich hat er sein Bestes gegeben. Dadurch entsteht bei Diskussionen ein latentes Verlangen, es dem Kritiker heimzuzahlen. In plumpen Debatten geschieht dies sofort, in subtileren belauert man sich, bis der andere einen Fehler macht und man seinerseits Kritik anbringen kann. Ist die Diskussionskultur auf der Höhe unserer Zeit, so macht man das alles nicht selber. Man hat seine Koalitionen. Der Angriff auf X wird von Y zurückgewiesen, der seinerseits wieder von Z verteidigt werden wird, wenn es nötig ist. X wird ggf. den Z in Schutz nehmen. Bereits dann, wenn auf jeder Seite nur drei Personen im Spiel sind, die ein Verteidigungskartell bilden, ist das schwer zu durchschauen. Auf jeden Fall werden bekanntlich weite Teile einer Debatte mit persönlichen Verteidigungsreden vertan, die dem Fortkommen in der gemeinsamen Sache nicht dienlich sind. – Das übliche Verfahren „Fortschritt durch Widerspruch" hat auch zur Folge, dass es neue Ideen schwer haben. Denn die sind ja besonders leicht anzugreifen. Und da es letzten Endes darum geht, in der Diskussion zu obsiegen, wird man mit Informationen nicht sehr freizügig umgehen. Je weniger der andere weiß, um so schlechter kann er argumentieren.

Ginge das nicht auch ganz anders? Ein Gespräch könnte z. B. auch so aussehen: Von dem, was ein anderer gesagt hat, greife ich nicht das Unzulängliche auf, sondern dasjenige, an das ich positiv anknüpfen möchte. Wenn man wirklich danach sucht, wird man dieses „Positive" finden. Selbst im Unsinn steckt ein Körnchen Wahrheit, das es ans Licht zu bringen gilt (und wenn ich wirklich nichts entdecken kann, gehe ich auf das Votum eben gar nicht ein). Dadurch wandelt sich das Gesprächsklima menschlich und sachlich sofort: Niemand wird zurückgewiesen, niemand muss sich verteidigen. Ob ich dasjenige, was unter den Tisch fällt, für unbrauchbar hielt oder nur meinerseits nicht daran anknüpfen konnte, bleibt offen. Andererseits kann ich mich auch dann an der Ausarbeitung einer Idee beteiligen, wenn ich sie nicht teile. Ob ich sie teilen will oder nicht, ist ja ohnehin erst zu beurteilen, wenn sie ausgearbeitet ist. Man wird auf diese Weise den Ideen gerecht, den Menschen und vor allem: Man erreicht das gemeinsame Ziel des Gesprächs (z. B. eine Lösung für ein bestimmtes Problem) sehr viel schneller und eleganter. Es geht ja in Wirklichkeit nicht darum, aufzulisten, was *nicht* geht, sondern eine *positive* Lösung zu finden. Voraussetzung ist, dass man das gemeinsame Anliegen und Ziel des Gesprächs im Auge behält. Die Fähigkeit, mit Gedanken und Ideen als solchen umzugehen, lernt man im Vollzug (wo sollte man sie auch sonst lernen?). Das Grundsätzliche dazu kann man sich aneignen.[9] – Mit diesem Vorgehen ist eine generelle Umwendung im geistigen Leben verbunden. Nicht gemeint ist dabei, dass man jetzt jeden Unsinn toll findet. Unsinn bleibt Unsinn. Aber weshalb – so kann man sich fragen – soll ich einen Großteil meines Lebens damit zubringen, den „Unsinn" anderer zu entlarven und zurückzuweisen? Suchen wir doch lieber nach den verborgenen Goldkörnern und machen wir etwas daraus! Ziel einer so gepflegten Gesprächsrunde ist es dann nicht mehr, einen rhetorischen Sieg über den anderen davonzutragen, sondern die Gelegenheit herzustellen, dass der andere sich selbst von der Richtigkeit meiner Gedanken überzeugt. Und auch ich habe die Gelegenheit, ständig dazuzulernen, ohne dabei mein Gesicht zu verlieren. Dieses Vorgehen dient also nicht nur einer sachlichen Effizienz, sondern zugleich auch der Menschenwürde. Der Weg entspricht dem Ziel.[10] – Man kann das Gespräch auch geradezu als Kunstwerk beschreiben und es dadurch ungemein anregen.[11]

4. Das Ergebnis festhalten

Zum Schluss bleibt dem Moderator noch eine wichtige Aufgabe, die gelegentlich etwas vernachlässigt wird. Das Ergebnis des Gesprächs ist festzuhalten, und zwar auch da, wo etwas offen geblieben ist. Das weitere Vorgehen ist festzulegen. Das Protokoll ist zu verantworten und zu unterzeichnen, und alle Betroffenen (auch Außenstehende) sind über

---

[9] zu „Positivität" siehe z. B. K.-M. Dietz, 1997
[10] Das Grundsätzliche dieses Vorgehens ist beschrieben in: K.-M. Dietz, 2001a
[11] H. Zimmermann, 1991

das Ergebnis zu informieren. Das gilt um so mehr, wenn das Ergebnis ein Beschluss war, der eine Handlung zur Folge hat: Wer macht jetzt was und wie?

Die Aufgabe des Moderators

Der Moderator ist also kein Direktor. Er legt nichts fest. Er ist aber auch kein Verkehrspolizist, der lediglich die Vorfahrt regelt. Er hat volle Verantwortung (und alle Befugnisse des Eingreifens) im Hinblick auf den Gesprächsverlauf. Der Moderator macht sich dafür verantwortlich, dass die Beteiligten sich einbringen können und dass inhaltlich etwas Sinnvolles herauskommt. *Was* inhaltlich herauskommt, das bestimmen die Gesprächsteilnehmer in ihrer Gesamtheit. Insofern erfordert die Aufgabe des Moderators eine doppelte Leistung: energischen Zugriff und eine engagierte Dienstleistungshaltung gegenüber den Beiträgen der anderen.

Nach alledem sei noch einmal die Person des Moderators in den Blick genommen. Kann überhaupt ein Mensch leisten, was hier gefordert ist? – Die beschriebenen Anforderungen sind ausnahmslos Tugenden, die heute für jeden verantwortlich Tätigen gelten. Kollegiale Selbstverwaltung hat nicht einen einzelnen Direktor, der diese Aufgaben erledigt, sondern sie besteht aus *lauter Direktoren.* Jeder einzelne muss hier leisten können, was woanders ein Vorgesetzter leistet. Niemand kann, beispielsweise im Wirtschaftsleben, eine verantwortliche Stellung bekleiden, der sich nicht um die hierfür erforderlichen Fähigkeiten bemüht (Näheres hierzu im nächsten Kapitel unter „Souveränität"). – Aber es lässt sich auch Tröstliches sagen: Perfektion ist nicht vorausgesetzt. Perfektionswahn wäre ein durchaus destruktives Ideal. Es genügt, wenn der Wille da ist, diesen Anforderungen nach und nach zu genügen. Der erste Schritt dazu ist, sich mit den Anforderungen als solchen vertraut zu machen. Das ist nicht besonders schwer. Im Übrigen gibt es auch bei der Moderation selbst eine Erleichterung durch Arbeitsteilung: Der Moderator im engeren Sinne führt das Gespräch, ein anderer schreibt die Stichworte an die Tafel, ein Dritter führt das Protokoll. – In der kollegialen Selbstverwaltung ist Moderationsfähigkeit die Fähigkeit der situativen Führung, die auf einer Vereinbarung des ganzen Kreises beruht. Sie erfordert im Wesentlichen eine prononcierte Gesprächsfähigkeit. Näheres zu den Anforderungen enthält das nächste Kapitel. – Zuvor noch eine letzte Beobachtung:

Neutralität?

Vom Konferenzleiter wird oft „Neutralität" erwartet. Und umgekehrt entschuldigen Konferenzleiter mit der von ihnen erwarteten Neutralität die Tatsache, dass sie, ohne mit der Wimper zu zucken, alles Mögliche durchgehen lassen, das sie selbst für Unsinn halten. Jeder andere hätte das durch engagierten Eingriff verhindern können, nur nicht der Gesprächsleiter?

Neutralität ist überhaupt keine Tugend des Moderators. Neutralität ist die Tugend eines Schiedsrichters, der bei Verstößen Sanktionen erteilt. In diese Lage kommt der Moderator aber nur ausnahmsweise. Seine Aufgabe ist eine andere. Er soll nicht dafür sorgen, dass die in der Konferenz vertretenen Parteien alle die gleichen Chancen haben beim Versuch, sich gegenseitig zu besiegen. Sondern er hat die Aufgabe zu gewährleisten, dass aus den Beiträgen und Impulsen der Einzelnen etwas Gemeinsames und Zukunftsträchtiges entsteht. Dazu bedarf es des Engagements, nicht der Neutralität – und zwar des Engagements für eine Lösung, schon bevor sie im Einzelnen absehbar ist. Wer nur in „Standpunkten" und „Positionen" denken kann, hat es da schwer. Aber Standpunktdenken wäre ohnehin der Tod des Geisteslebens.

Besteht dabei nicht die Gefahr, dass der Moderator heimlich versucht, seiner eigenen Position zur Geltung zu verhelfen? – Wer so argumentiert, schließt wohl nur von sich auf andere. Das kannte schon Heinrich Zille: „Das Unglück ist, dass jeder denkt, der andere ist wie er, und dabei übersieht, das es auch anständige Menschen gibt."

Worin aber könnte die „eigene Position" innerhalb eines Kollegiums bestehen? Sie kann nur in der Absicht bestehen, dass aus den Beiträgen der Einzelnen das große Ganze entsteht. Dazu wäre es sinnlos, bestimmte Beiträge unterdrücken zu wollen. Wenn mir eine Position nicht gefällt, dann muss ich sie, im Gegenteil, herausheben und hinterfragen. Dabei stellt sich dann schon heraus, ob sie im Hinblick auf das gemeinsame Ganze Bestand hat. Ein Konferenzgespräch ist nicht dann besonders erfolgreich, wenn ein Teil der eingebrachten Positionen ausgesondert wird, sondern dann, wenn deren Berechtigung anerkannt und in das Ganze integriert werden kann. Das aber bedeutet, aus den Einzelvoten etwas zu machen, das über die Einzelvoten hinausgeht. Das ist das Gegenteil eines Kompromisses. Was beim Moderator gefragt ist, ist seine aktive, positive Integrationsfähigkeit, nicht lähmende Neutralität.

Wer das von vornherein für unmöglich hält, geht wahrscheinlich von einem beliebten Denkmodell aus: die Konferenz sei die Interessenvertretung der Einzelnen. Wenn du es „geschafft" hast, in eine Schulleitungskonferenz zu kommen, kannst du endlich deine eigenen Intentionen einbringen. – Eine Konferenz dient aber nicht der Kompromissfindung zwischen Interessengruppen, sondern der gemeinsamen Ideenbildung, die ein initiatives Handeln der Einzelnen ermöglicht. Sonst pflegen wir in der Konferenz ein politisches Vorgehen, das nicht ins Geistesleben gehört: Monologe, die mit einer Abstimmung enden. Und dahinter Seilschaften, die die Monologe zu Schaustücken machen. Im geistigen Leben gelten andere Gesetze, die zu beachten lebensnotwendig ist. Moralische Technik – auch die Technik der Gesprächsleitung – bedeutet, unsere eigenen geistigen Impulse so zu realisieren, dass andere ihre Freiheit behalten.[12]

---

[12] B. Lievegoed, 1989, S. 30

Zwischenruf:
Wer soll das alles leisten?

Auf die vorstehenden Überlegungen zur Moderation gibt es naturgemäß eine ganze Palette möglicher Reaktionen, angefangen von „Das ist ja alles selbstverständlich!" (selten) bis zur dezidierten Gegenposition: „Das überfordert uns; damit fangen wir gar nicht erst an!" (häufiger). Meistens aber ist ein resignatives Verstummen der Gesprächspartner zu bemerken. Man akzeptiert die Anforderungen, ergibt sich aber seinem schlechtem Gewissen. - Resignation mag subjektiv nahe liegen, ist aber nicht gerechtfertigt. Man kann sich klarmachen, was konkret getan werden kann, um die Gespräche in den Konferenzen zu verbessern:

1. Absprache

   Basis für eine gelingende Moderation ist, dass sie von allen Beteiligten akzeptiert wird. Das bedeutet zunächst einmal, dass sich alle über ihre Grundlagen Klarheit verschaffen und die aktive Rolle des Moderators akzeptieren. Damit ein gemeinsamer Wille zum Gelingen Platz greift, bedürfte es einer einmaligen, grundlegenden Beschäftigung mit dem Thema Moderation im Kollegium, etwa im Sinne des vorausgehenden Kapitels.

2. Maßnahmen

   Die vorstehenden Ausführungen enthalten einige konkrete Maßnahmen, die der Moderator ergreifen kann. Dazu gehört z. B. die rechtzeitige Bekanntgabe und vorherige Erläuterung der Tagesordnung einschließlich etwaiger Tischvorlagen; eine Klarstellung der Zielsetzung des Gesprächs (Meinungsbild, Ideenfindung, Entschluss etc.) und die Bemühung um aktive Moderation (Gruppierung der Gesprächsthemen im Gesprächsverlauf; kurze Zusammenfassung, mindestens am Schluss); nützlich ist ein Tafelanschrieb der erledigten und noch nicht erledigten Punkte. Der Moderator sollte außerdem darauf achten, dass keine sachlich unrichtigen Äußerungen stehenbleiben (im Interesse von Wahrhaftigkeit und Aufrichtigkeit), dass das Bewusstsein für das Ziel des Gesprächs nicht verloren geht und dass die Ergebnisse klar formuliert protokolliert werden.

Dies alles kann man sich vornehmen und durchführen. Man schafft sich damit so etwas wie die Rahmenbedingungen für ein gelingendes Gespräch. Das Gelingen selbst bedarf jedoch weiterer Zugriffe:

3. Geistesgegenwart

Als eigentliche Herausforderung beim Moderieren muss wohl angesehen werden, dass der Moderator geistige Beweglichkeit benötigt, um die jeweiligen Situationen des Gesprächs in den sich erst allmählich ergebenden Gesamtverlauf hineinzulenken. Dazu kam im Vorigen vor allem Folgendes zur Sprache: Wachsamkeit bei Abschweifungen, d. h. Sinn für Gedankenfolge; Sinn für das Wesentliche; Sinn für das von anderen Gemeinte (und nicht nur Gesagte); Bemerken von Ideen (und deren Schutz vor Killerphrasen); eigenes positives Nachfragen (statt lediglich kritischer Einwände); Engagement für den Fortschritt des Ganzen im Sinne der gemeinsamen Zielsetzung (und nicht nur für einzelne Positionen).-

Hier wären sie also doch wieder, die Überforderungen? - Das muss nicht notwendig so gesehen werden. Wer sich der Aufgabe des Moderierens unterzieht, wird gut daran tun, sich zunächst einmal klarzumachen, dass es über das Anwenden erlernbarer Maßnahmen (siehe oben 2.) hinaus innerer Haltungen bedarf, durch die man sich selbst mit dem verbindet, was man anstrebt. Schließlich geht es darum, wie aus diesen Haltungen allmählich Fähigkeiten werden. Ob man diese Fähigkeiten durch künstliche Gesprächsübungen erwerben oder verstärken kann, mag dahingestellt bleiben. Ich selbst ziehe es vor, dem englischen Wort „to practice" entsprechend das „Üben" immer im „Ausüben" zu sehen, also die „Ernstfälle", d. h. die tatsächlich stattfindenden Konferenzen, als Übfeld zu benutzen. Sonst trennt man zu sehr zwischen „Lernen" (besser werden) und „Ausüben" (ohne Lernfortschritt); das scheint mir nicht lebensgemäß. Aber hier mag jeder vorgehen, wie er es für richtig hält. Auf jeden Fall darf sich der „ausübende" Moderator des Verständnisses und der Unterstützung der Kollegen sicher sein, wenn man sich über das anzustrebende Ziel abgesprochen hat (s. o. 1.).

Um weitere Fortschritte auf dem Weg von den Haltungen zu Fähigkeiten im beschriebenen Sinne zu ermöglichen, ist das

Kapitel über die „Dialogischen Prozesse" geschrieben.
Zunächst aber noch ein Blick auf einige Gesetzmäßigkeiten der Zusammenarbeit im geistigen Leben.

Das unternehmerische Element der Selbstverwaltung

Wer in einer derartig selbstverwalteten Einrichtung arbeitet, sieht sich besonderen Anforderungen ausgesetzt. Das Ganze hängt entscheidend von seinem Einsatz ab und obliegt seiner persönlichen Verantwortung. Dies aber sind Hauptmerkmale des Unternehmerischen. Ein Unternehmer, der die dazu notwendige Fähigkeit nicht energisch pflegen würde, wäre bald kein Unternehmer mehr! „Es gibt keine Strukturen, die etwas tun, keine Mechanismen und schon gar nicht logische Entwicklungen. Was geschieht, bestimmen Menschen. Die einen freien Willen haben. [...] Niemand wird uns retten [...] wir müssen uns selbst helfen [...] Was man nicht kann, muss man üben."[13] Matthias Horx formuliert unter dem Titel „Die neue Welt der ICHs?" zwei Thesen für die Zukunft: „1. Die Gesellschaft der Zukunft entsteht aus reifer Individualität." und „2. Individualität ist der rote Faden der Moderne."[14] Der Einzelne, das Individuum, spielt eine besondere Rolle. Der Einzelne allein kann Schule nicht machen – und doch kommt es auf jeden Einzelnen an. Daraus ergibt sich eine zweite Besonderheit der selbstverwalteten Schule: Der Unternehmer hat alle Freiheiten, niemand kann sie ihm nehmen. Er würde aber seine Existenz gefährden, wenn er sie mit Willkür verwechselte. „Wer darf hier was?" ist eine in der Unsicherheit der Selbstverwaltung oftmals gehörte Frage. Sie ist aber schon im Ansatz unfruchtbar. Die Freiheit des freien Geisteslebens ist ebenso wie die Freiheit des Unternehmers keine Frage des „Dürfens". Sie ist eine Frage des Könnens und der Verantwortung. Letztlich also eine Frage der Authentizität. Worin dieses Können und diese Verantwortung bestehen, ist später noch zu erörtern. Vorläufig genügt es zu sagen: Die Freiheit des Geisteslebens beruht auf der Fähigkeit der Individualität, aus sich selbst (also ohne Vorgaben) zu handeln, dabei das selbst gesetzte Ziel nicht aus dem Auge zu verlieren,

---

[13] P. Lau, 2005
[14] M. Horx, 2004, S. 203f.

sich gleichzeitig mit der gegebenen Wirklichkeit in Einklang zu halten und das Gesamtgeschehen ebenso zu verantworten wie das eigene Handeln. Wenn hier von „Individualität" gesprochen wird, so ist dies nicht mit „Person" zu verwechseln. Traditionelle, ideologische oder emotionale Prägungen sind in der Selbstverwaltung ebenso wenig gefragt wie persönliche Interessen. „Individualität" im Unterschied zu „Persönlichkeit" bedeutet beispielsweise, dass ich in der Lage bin, mich zu mir selbst in ein bewusstes Verhältnis zu setzen. – Wer Freiheit beansprucht – und der im freien Geistesleben Tätige tut dies –, hat gleichzeitig die Pflicht, sie innerlich auszufüllen. Wir kennen das aus unzähligen alltäglichen Situationen. Wenn die Ferien ausbrechen, *kann* ich entscheiden, wie ich sie nutze. In Wirklichkeit *muss* ich eine Entscheidung treffen. Selbst wenn ich mich davor drücke und aus lauter Entscheidungslosigkeit wochenlang im Bett liegen bleibe, *habe* ich eine Entscheidung getroffen. Dass mit der Freiheit auch Notwendigkeiten verbunden sind, wird manchmal nicht ausreichend realisiert. Sie ergeben sich aus den übernommenen Aufgaben. Sonst würde „Freiheit" zu Willkür oder Illusion. Freiheit besteht nicht in Selbstverwirklichung und sie ist weit entfernt von Beliebigkeit. Wenn ich an meine Schule denke, in welcher Haltung lebe ich da: „Was tut die Schule für mich?" oder: „Was kann ich für die Schule tun?" Mache ich mir diesen Unterschied nicht klar, dann gerät Selbstverwaltung zur Farce. Darüber wird auf den folgenden Seiten noch eingehender gesprochen werden.

Zusammenarbeit der Einzelnen: Schulführung

Kollegiale Selbstverwaltung zeigt noch in einer dritten Hinsicht Züge des Unternehmerischen. Es kommt auf jeden Einzelnen und seine Leistungsfähigkeit an – aber die spezifische Leistung des Unternehmens (der Schule) kommt nur durch Zusammenarbeit der Einzelnen zustande. Wie müssen „wir" arbeiten, damit „ich" produktiv werden kann – und was kann „ich" zum „Wir" beitragen? So könnte man – in Erinnerung an das Bild vom Fluss – die Kardinalfrage der Zusammenarbeit formulieren.[15]

---

[15] Vgl. U. Hermannstorfer, 2002, S. 807-826; J. Kiersch, 1978, S. 68

Die Kunst, eine leistungsfähige Zusammenarbeit zu ermöglichen, nennt man „Führung". Es gehört zu den Fähigkeiten des Unternehmers, eine möglichst fruchtbare Zusammenarbeit aller Mitwirkenden anzuregen und zu gewährleisten. Diese Aufgabe stellt sich in einer selbstverwalteten Schule auf besondere Weise. Die unternehmerische Fähigkeit ist nicht nur von Wenigen, sondern von tendenziell allen Mitwirkenden gefordert. Wie also arbeiten lauter „Unternehmer" so zusammen, dass etwas Gemeinsames entsteht? Für diese Aufgabenstellung gibt es in der Geschichte kein Vorbild. Hier liegt eine ganz spezifische Herausforderung für die selbstverwaltete Schule!

Der Begriff der „Schulführung" ist mit manchem Missverständnis belastet. Manche denken dabei in erster Linie an Personen (*Wer* führt?) und sind schon davon unangenehm berührt. Aus dem vorigen ist aber wohl klar geworden, dass wir „Führung" in erster Linie als einen Aufgabenbereich ansehen, unabhängig davon, wer sie ausübt.[16] – Ein weiteres mögliches Missverständnis: Es gibt in der Geschichte zwei Formen von Zusammenarbeit, die heute entweder aufeinanderprallen oder nebeneinander herlaufen: zum einen die hierarchische Führung mit pyramidal abgestuften, eindeutigen Führungskompetenzen und entsprechenden Verhaltensweisen der Geführten. Diese Art von Führung kommt für eine selbstverwaltete Schule nicht in Frage, auch wenn die heute üblichen hierarchischen Führungsformen sich von ihrem autoritären Ursprung immer weiter entfernen. So kann man finden: „Die Paradoxie des Führens besteht darin, Leistungsfähigkeit freizusetzen, ohne zu wissen, worin diese genau besteht."[17] Hierarchische Führung zu etablieren stünde im Widerspruch zum Anliegen der Selbstverwaltung. – Die andere geschichtlich ausgebildete Form der Zusammenarbeit ist basisdemokratisch: Alle bestimmen „gemeinsam", was bis ins Einzelne hinein geschieht. Diese Art der Zusammenarbeit hat den Vorzug, dass in ihr (prinzipiell) alle gleich sind und dass es bei den Mehrheitsabstimmungen trotzdem eindeutige Ergebnisse gibt. Sie hat allerdings gravierende Nachteile, die die Vorteile bei weitem aufwiegen: Es ist nicht gewährleistet, dass das jeweils Beste

---

[16] Siehe auch M. Harslem, 1994, S. 72-85
[17] A. Nassehi, 2005, S. 94f.

gefunden und verwirklicht wird – ganz abgesehen von dem enormen Sitzungsaufwand für alle Beteiligten. Und wie „individuell" sich in einem parlamentarischen Verhaltensmuster der Einzelne einbringen kann, ist äußerst fragwürdig.[18] Das „Ganze" beschränkt sich allzu leicht auf eine Summe der Einzel-Interessen. Verhandlungsziel des demokratischen Vorgehens ist deshalb in der Regel der Kompromiss. Der aber ist für das Geistesleben nicht geeignet. Denn er erzeugt Lösungen, die mit ziemlicher Sicherheit in sachlicher Hinsicht nicht optimal sind und hinter denen oft genug niemand wirklich steht. Manche gehen heute mit einer gewissen Selbstverständlichkeit davon aus, Selbstverwaltung bedeute Basisdemokratie. Jedoch ist der basisdemokratische Gedanke erst in den 1960er Jahren in die Waldorfschulen hineingekommen[19], ist also dem damaligen Zeitgeist geschuldet. Man könnte hier von einem „basisdemokratischen Missverständnis" sprechen. Zur Selbstverwaltung bedarf es anderer Formen, die neu zu entwickeln sind. Rudolf Steiner ging von einer informellen, kompetenzgestützten Hierarchie aus, die durch die Akzeptanz der anderen wirksam wird. Er sprach von einer „naturgemäßen Autorität" und einem „gewissen hierarchischen System" aufgrund der unterschiedlichen Leistungsfähigkeit der einzelnen Lehrer. Dieses „hierarchische System" zu formalisieren lehnte er jedoch ab. „Das macht sich von selber."[20] Hier ist also keine durch Ämter definierte Hierarchie gemeint, sondern eine auf Kompetenz, Akzeptanz und Verantwortlichkeit gestützte situative Hierarchie. Für den hier gemeinten neuartigen Sachverhalt fehlte offensichtlich ein passendes Wort. Lievegoed sprach später von „Anerkennungshierarchie".[21] Die Probleme, die heute in der Selbstverwaltung unserer Schulen auftauchen, beruhen, so könnte man sagen, zu einem guten Teil darauf, dass „es" sich eben nicht mehr so leicht „von selber macht". Wir werden im nächsten Kapitel darauf eingehen.

Zunächst aber gilt es, sich die Doppelaufgabe der Schulführung deutlicher vor Augen zu führen, über die in Andeutungen bereits gesprochen wurde.

---

[18] Siehe dazu einiges im ersten Kapitel.
[19] Hinweis von M. Wienert
[20] R. Steiner, 19.3.1920, S. 163
[21] B. Lievegoed, 1989, S. 30

Auf der einen Seite geht es darum, die Tätigkeit der Einzelnen, die auf den je individuellen Fähigkeiten beruht, zusammenzuführen und zu koordinieren. „Konferenz" heißt ja sprachlich einfach „Zusammentragen". Es geht um *Integration* der einzelnen Tätigkeiten in das Ganze. Auf der anderen Seite aber gilt es, immer das Ganze im Blick zu haben und aus Verantwortung für das Ganze bis ins Einzelne hinein zu handeln. Das ist eine Art Gegenbewegung. Die Aufgabe, die sich daraus ergibt, kann man als *„Impulsierung"* bezeichnen. Integration und Impulsierung sind die beiden großen Aufgaben der Schulführung. Beide sind für sich allein genommen anspruchsvoll genug. Schon bei der Integration kann man, wie gezeigt wurde, manchen Fehler machen. Die Aufgabe wird aber noch schwieriger dadurch, dass beide Prinzipien, Integration der individuellen Beiträge und Impulsierung aus dem Geist des Ganzen heraus, ständig zusammentreffen und sich durchdringen. Die damit verbundene Herausforderung wächst fast ins Unermessliche dadurch, dass beide Tätigkeiten von (tendenziell) *jedem* Mitglied des Kollegiums auszuüben sind. In anderen Schulen gibt es eine installierte Direktion, die darüber wacht, dass das vorgegebene Ganze sinnvoll realisiert wird. In der Waldorfschule ist dies nicht der Fall, selbst dann nicht, wenn die Aufgabe der Schulführung einem kleinen Kreis anvertraut ist. Jeder Beteiligte sieht sich mit der gesamten Palette der Anforderungen konfrontiert: er muss seine eigenen Fähigkeiten optimal einsetzen, sie mit den Tätigkeiten der anderen koordinieren und überhaupt immer alle Beteiligten einbeziehen; andererseits dabei ständig aus den Erfordernissen des Ganzen heraus handeln und den gemeinsamen Impuls hochhalten. Er muss Situationen frühzeitig erkennen, Probleme antizipieren und kompetent lösen. „Integrieren" und „Impulsieren" sind die Polaritäten, die in der „Moderation", als der eigentlichen Führungstätigkeit, zur Steigerung gebracht werden. – Die Anforderungen an Schulführung können durch nebenstehendes Schema verdeutlicht werden:

Die Doppelaufgabe der Schulführung

Den geistigen Impuls lebendig halten

Aus Verantwortung für das Ganze heraus individuell handeln

Aufgaben in Zielsetzungen verwandeln – Prozesssteuerung – Spiegelung – Repräsentation

integrieren

moderieren

*Geistesgegenwart – Urteilsfähigkeit – Aufgabenbewusstsein
Vertrauen – Verbindlichkeit – Verantwortung*

impulsieren

Wahrnehmung – Abstimmung – Organisation

Die Leistungen der Einzelnen zusammenführen (con-ferre)

Individuelle Fähigkeiten herausfordern

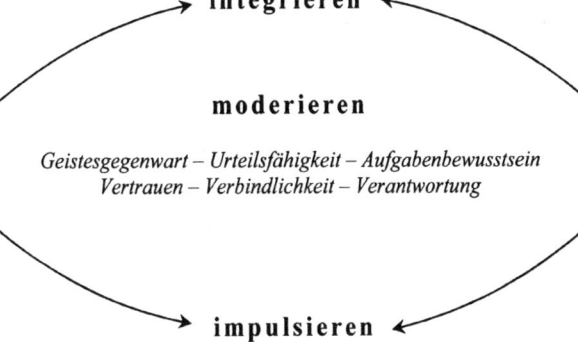

Dass die eine Bewegung, die von unten nach oben, das Zusammentragen, allein nicht genügt, ist schon daran erkennbar, dass man dann auf Fehlendes nie aufmerksam würde. Denn man geht dabei immer von dem bereits Vorhandenen aus. Eine wichtige Führungsfähigkeit ist es aber auch, zu bemerken, was *nicht* geschieht, obgleich es, vom Ganzen her betrachtet, eigentlich geschehen müsste. Nur vom Ganzen her lassen sich auch einzelne Ereignisse als „Symptome" erkennen.

Wenn Schüler erkennen lassen, dass sie sich nicht ernst genommen fühlen, wenn Schüler oder Eltern Angst haben, wenn Eltern sich ausgegrenzt fühlen, wenn Qualitätsprobleme in einem bestimmten Unterricht zur Sprache kommen: In all solchen Fällen entsteht eine wichtige Aufgabe für die Führung; und zwar unabhängig davon, wie weit die Vorwürfe oder Klagen der Wirklichkeit entsprechen. Denn auch wenn sich herausstellt, dass sie faktisch gar nicht zutreffen, hat man ein Problem: ein Kommunikationsproblem. Klagen dieser Art kann man nicht einfach auf sich beruhen lassen, selbst wenn sie unberechtigt erscheinen. Auch dann muss man sie aufgreifen. Sonst entstehen bekanntlich Rückkoppelungseffekte: Eindrücke, Meinungen oder Gerüchte erreichen unvermerkt den Status von Tatsachen.

Eine spezifische Anforderung an die Schulführung ergibt sich weiterhin daraus, dass in der selbstverwalteten Schule nicht nur ein gegebenes Ganzes zu „verwalten" ist, sondern dass dieses Ganze im Vollzug der einzelnen Handlungen zugleich „gestaltet" wird. In der rhythmischen Bewegung zwischen „Impulsierung" und „Integration" begegnet sich das aus der Zukunft kommende Notwendige oder Wünschenswerte mit den mitgebrachten Fähigkeiten der Einzelnen. Aufgaben, die in der „Welt" wahrzunehmen sind, werden zu Handlungszielen und begegnen den persönlichen Intentionen, den Einstellungen, Fähigkeiten, Neigungen und Gewohnheiten der Einzelnen. Auch das kann mit einer Skizze verdeutlicht werden:

Aufgaben:

werden in den allgemeinen Weltverhältnissen wahrgenommen

Intentionen:

Was mich aus der Verwandlung meiner Veranlagungen heraus zu bestimmten Handlungen bringt

Das Mögliche ICH Das Wirkliche

Ziele:

Was von den Aufgaben zu Motiven meines Handelns wird

Veranlagungen:

Persönliche Einstellungen, Fähigkeiten, Stimmungen, Neigungen, Gewohnheiten etc.

(Was hier „Ziele" und „Intentionen" heißt, entspricht den „Motiven" und „Triebfedern" der *Philosophie der Freiheit)*.[22] Waldorfschulen und andere selbstverwaltete Einrichtungen vereinigen auf diese Weise zwei Tendenzen in der Arbeitswelt, die sich in den vergangenen Jahrzehnten auseinandergelebt haben: menschliche Zufriedenheit und sachliche Effizienz. Auf Effizienz läuft in der traditionell geführten Industriegesellschaft alles hinaus. Man ist auf Ergebnisse fixiert. Das Menschliche stört dabei eher; es wird, da unvermeidbar, geduldet. – Die Zufriedenheit der Mitarbeiter steht im Vordergrund in einer alternativen Arbeitswelt, die sich seit den achtziger Jahren des 20. Jahrhunderts entwickelt hat. Dass sie manchmal zu Lasten der Kunden geht (und somit das Unternehmen gefährdet), bleibt oft unbeachtet. Der Gedanke an Effizienz ist eher verpönt.[23] – Selbstverwaltung, der ein geistiger Impuls zugrunde liegt, ist in der Lage, beide Pole zu versöhnen: Ich handle, wie ich es mit dem Blick auf die Aufgaben als richtig erachte. Meine persönliche Zufriedenheit wächst in dem Maße, in dem mir das gelingt.

Handeln aus geistigem Impuls

Was hier als „Impulsierung" bezeichnet wurde, ist von großer Bedeutung für das Gelingen einer Schule. Es geht darum, den geistigen Impuls, aus dem die Schule arbeitet, stets lebendig zu halten, bis in die einzelnen Tätigkeiten des Tages hinein. Was ist „der geistige Impuls"?

Hier darf man nicht an irgendetwas Abstraktes oder vorgängig Formuliertes denken, auch nicht an historische Vorgaben. Mit „geistigem Impuls" ist nichts Theoretisches gemeint, nicht eine Ideologie, nicht ein Leitbild oder ein bestimmtes Verfahren. Gemeint ist ein geistiger Zugriff, der die höchstmöglichen Motive umfasst und der zugleich zum konkreten Handeln drängt – den der Mensch in seiner innersten Existenz ergreift. Wie er sich auswirken kann, möchte ich an folgendem Vorgang beschreiben.

---

[22] R. Steiner, 1894, Kapitel IX
[23] Näheres bei K.-M. Dietz, 1988, S. 9-69

Mehrere Lehrer und Eltern einer Waldorfschule nahmen sich die Zeit, sich gegenseitig mitzuteilen, warum sie Waldorflehrer geworden sind und an dieser Schule arbeiten oder warum sie ihr Kind in diese Schule geben. Es war vereinbart, über die Antworten nicht zu diskutieren. Nachfragen zum besseren Verstehen waren aber erwünscht. Nun sprach jeder sein Motiv aus. Das kann hier natürlich nicht ausführlich wiedergegeben werden. Nur ein paar Stichworte: Jemand sagte: „Ich möchte die Pädagogik Rudolf Steiners verwirklichen." Ein anderer: „Ich möchte, dass die Kinder lebenstüchtig werden." Wieder andere: „Ich möchte die Kinder zu freien Menschen erziehen." „Ich möchte ihnen den Stress der Zivilisation ersparen." „Ich will mit meiner Arbeit die Kreativität der jungen Menschen fördern." Ein Kollege sagte, als er an der Reihe war: „Wie Sie wissen, bin ich hier, weil ich einen Job gesucht habe." – Auf den ersten Blick waren das lauter unvereinbare Antworten. Wie kommt auf dieser Basis ein einheitlicher Zug in die Schule? – Ein übliches Vorgehen wäre, über die einzelnen Voten so lange zu diskutieren, bis eine Formulierung gefunden ist, mit der alle einverstanden sein können, etwa im Sinne eines „Leitbildes". Dieses (immer üblicher werdende) Vorgehen hat allerdings einen Nachteil: Es endet in einer fixen Formulierung, die so abstrakt ist, dass sie alles und nichts besagt. Ihre Entstehung kann ein lebendiger Prozess gewesen sein; aber das Ergebnis ist kaum geeignet, Impulse lebendig zu halten. Es ist auf ein kleinstes gemeinsames Vielfaches reduziert. Die Impulse der einzelnen Menschen sind herausgefiltert. Schlimmstenfalls wird die Lösung durch eine Losung ersetzt. – Stattdessen hat man in diesem Fall etwas anderes gemacht. Man hat in die Richtung der einzelnen Voten weitergefragt: Wie meinen Sie das? Was gehört zu dem, was Sie äußern, dazu? usw. Bei näherem Hinsehen wurde hinter all den verschiedenen Motiven bald ein großes gemeinsames Anliegen sichtbar. Man brauchte sich nur gegenseitig Gelegenheit zu geben, um deutlicher zu sagen, was der Einzelne meinte. – Das Ende des Gespräches: „Die Pädagogik Rudolf Steiners verwirklichen" und „Kinder lebenstüchtig machen" waren nur zwei Formulierungen für dieselbe Sache. Mit „zu freien Menschen erziehen" und „den Stress der Zivilisation ersparen" war auch nahezu das Gleiche gemeint. Und „Kreativität fördern" war natürlich in allen anderen Voten auch enthalten. Derjenige, der gesagt hatte (was alle wussten): „Ich habe hier einen Job gesucht", wurde dann gefragt, was er denn bei diesem Job erlebe. Und er antwortete sinngemäß: Ich hatte mich natürlich vorher erkundigt, was Waldorfschule ist. Im Lauf der Zeit aber habe ich gemerkt, dass sie noch etwas ganz anderes ist. Sie ist nicht in erster Linie eine Sammlung von Maßnahmen (Epochenunterricht, kein Sitzenbleiben ...), und ihr Wesentliches besteht auch nicht in einer gewissen Atmosphäre (schöne Farben, viel Kunst ...). Ich habe längst gemerkt, dass das nicht das Eigentliche ist. Aber heute, bei dieser Umfrage, hatte ich mein Schlüsselerlebnis. – Was er bisher freundlich toleriert hatte, machte er nun zu seiner eigenen Sache.

Hinter den persönlichen Voten kam ein gemeinsames geistiges Erlebnis zum Vorschein. Es war inhaltlich nicht vorgegeben, sondern es stellte sich ein. Jeder war von seiner Sicht ausgegangen, und alle (ausnahmslos) entdeckten nach und nach den gemeinsamen Horizont. Alle fühlten sich durch dieses Erlebnis in ihrer Tätigkeit für die Schule impulsiert und gestärkt. – Vorausgesetzt war nur, dass man sich für die Gedanken des anderen vorbehaltlos interessieren konnte. Dabei gab es unvorhergesehene Erlebnisse. Was als „Antwort" mitgebracht worden war, verwandelte sich oftmals in eine Frage. Man bemerkte, dass die eigene Position noch nicht „zu Ende" war. Das Eigene weiter zu denken – und dabei abschließende Formulierungen zu vermeiden – führte schließlich zu dem Erlebnis des gemeinsamen Horizonts. Aus alledem erwuchs eine starke gemeinschaftliche Kraft, die sich gerade darin auswirkte, dass man die Haltungen, Positionen oder Eigenheiten der anderen verstand und ertrug. Was der andere dachte und wollte, zeigte sich als spezifischer Aspekt der gemeinsamen Sache, nicht als Gegensatz zu den eigenen Vorstellungen. Das Gemeinsame bildete sich aus dem erweiterten Horizont der Einzelnen. Es war weit mehr als die Schnittmenge der einzelnen Vorstellungen. – Dieses Erlebnis gab der Zusammenarbeit starke Impulse, obwohl keine ausdrücklichen Verabredungen getroffen wurden. Vieles andere, was sich immer wieder in den Vordergrund des Interesses gedrängt hatte, wie persönliche Querelen oder Strukturfragen, verblasste danach.

Das beschriebene Ereignis zeigt wesentliche Merkmale des freien Geisteslebens: Jeder hat seine Position, niemand macht sie ihm streitig. Statt darüber zu diskutieren und Kompromisse zu suchen, weitet man die einzelnen Positionen aus, um dem Gemeinsamen Raum zu geben. So etwas wie der hier beschriebene Vorgang ist gemeint mit der Formulierung: „den geistigen Impuls lebendig halten". Das ist die wichtigste Quellkraft einer Schulgemeinschaft. Sie regt die Einzelnen von selbst zur Stärkung ihrer Fähigkeiten an. Worum es hier geht, ist nicht eine bestimmte definitorische Fixierung des Impulses – die würde ihn nur ablähmen und außerdem verwechselbar machen mit einer Ideologie. Hier gilt vielmehr, was der junge Rudolf Steiner für den Erkenntnisprozess als solchen formuliert hat: Jeder Mensch hat ein anderes Erfahrungsfeld. Sein Verstand ist ihm „der Vermittler auf dem Wege zur Idee. [...] Es kommt überhaupt gar nicht darauf an, daß die einzelnen Urteile und Begriffe, aus denen sich unser Wissen zusammensetzt, übereinstimmen, sondern nur darauf, daß sie uns zuletzt dahin führen, daß wir in dem Fahrwasser der Idee schwimmen. Und in diesem Fahrwasser müssen sich zuletzt alle Menschen treffen, wenn sie energisches Denken über ihren Sonderstandpunkt hinausführt."[24] Wenn Steiner viel später spricht von „Ideen, die selbst zu Lebenskräften werden"[25], dann weist dies in dieselbe Richtung.

Ich höre den Einwand: Bedeutet es nicht eine unnötige Erschwernis, plötzlich an zentraler Stelle von „geistigem Impuls" zu sprechen? Schule zu machen, ist doch auch so schon kompliziert genug! Lassen wir doch die Kirche im Dorf! – Ja, gerne. Aber was im Dorf die Kirche ist, das ist der geistige Impuls im Wal-dorf. Denn weder durch äußere Veranlassungen (Vorschriften, Weisungen) noch durch gesellschaftliche Anpassung, durch Nachahmung oder aus persönlicher Neigung lässt sich Waldorfschule machen. Das betrifft auch die Pädagogik selbst:

Waldorfpädagogik wurde von Rudolf Steiner begründet. Waldorfpädagogik ist etwas, das sich fortwährend selbst erneuert. Diese scheinbar gegensätzlichen Positionen schließen sich keineswegs aus. Schon von Rudolf Steiner wurde der situative, auf der Individualität jedes Einzelnen beruhende Charakter der Waldorfpädagogik hervorgehoben. Entgegen weit verbreiteten Annahmen lassen sich Richtlinien oder Prinzipien der Waldorfpädagogik, die auf Rudolf Steiner zurückgehen, kaum finden. Das meiste von dem, was heute im Gewande des Prinzipiellen auftritt, beruht auf Traditionsbildung. Die zahlreichen praktischen Ratschläge Rudolf Steiners betrafen immer konkrete Menschen in konkreten Situationen. Andererseits wurde Steiner nicht müde, auf den geistigen Impulscharakter der Waldorfpädagogik hinzuweisen. So sprach er davon, dass Erziehung im Jugendalter „erweckende Erziehung" sein müs-

---

[24] R. Steiner, 1887, S. 174
[25] R. Steiner, 11.1.1921, S. 244

se. Die in diesem Alter gebotene „innere Selbständigkeit" müsse wie ein „fortwährendes Aufwachen" erscheinen, dem Jugendlichen „kommt es jetzt vor, als ob er sein eigenes Wesen aus sich herausruft." Für die Pädagogik dieses Alters hat das die Konsequenz: „Wenn man ... jemandem etwas von außen beibringen will, tyrannisiert man ihn, man versklavt ihn."[26] – Nicht erst für das Jugendalter, sondern auch schon für das kleine Kind bedeutet dies Prinzip zugleich: „Es gibt im Grunde genommen auf keiner Stufe eine andere Erziehung als Selbsterziehung. ... Jede Erziehung ist Selbsterziehung, und wir sind eigentlich als Lehrer und Erzieher nur die Umgebung des sich selbst erziehenden Kindes."[27]

Waldorfpädagogik bedeutet also, dem höheren, eigenen Selbst des Menschen zum Durchbruch zu verhelfen. Das erfordert auch vom Pädagogen einen ganz anderen Einsatz als die Erfüllung von Richtlinien oder Lehrplänen. „Das erste, um was es sich bei einer auf Menschenerkenntnis begründeten Pädagogik handelt, wie es die Waldorfschul-Pädagogik zum Beispiel ist, das ist nicht, Regeln anzugeben, so oder so solle man erziehen, sondern das erste ist, die Seminarkurse so zu halten, daß man die Herzen der Lehrer findet, daß man diese Herzen so weit vertieft, daß aus ihnen heraus die Liebe zum Kinde erwächst. Die glaubt ja ein jeder natürlich sich andiktieren zu können. Aber diese andiktierte Menschenliebe kann ja nichts leisten; sie könnte vielen guten Willen haben, aber kann nichts leisten. Etwas leisten kann erst diejenige Menschenliebe, die aus einem vertieften Beobachten im Einzelfalle hervorgehen kann."[28]

Die geistige Individualität des Kindes entzieht sich der Verordnung ebenso wie einer methodischen Formalisierung.[29] Waldorfschulpädagogik soll deshalb „nicht ein System von Grundsätzen, sondern ein Impuls zum Aufwecken sein. Sie sollte Leben sein, nicht Wissen; nicht Geschicklichkeit, sondern Kunst sollte sie sein, lebensvolles Tun, weckende Tat."[30] – Mögen andere Schulen inzwischen noch so eifrig waldorfpädagogische

---

[26] R. Steiner, 30.8.1924, S. 178
[27] R. Steiner, 20.4.1923, S. 131
[28] R. Steiner, 18.7.1924, S. 37f.
[29] Näheres zu diesen und anderen Grundanliegen der Waldorfpädagogik bei: K.-M. Dietz, 2003a
[30] R. Steiner, 3.10.1922, S. 40

Maßnahmen nachahmen (Epochenunterricht, Verzicht auf Ziffern-Noten in den unteren Klassen, frühes Fremdsprachenlernen, unausgelesene Klassen usw.): Das Wesentliche kann prinzipiell nicht imitiert werden. Was woanders durch Regelungen abgesichert werden soll, erfordert hier den ständigen Rückgriff auf geistige Impulsierung. Denn geistige Impulse lassen sich nicht formalisieren, nicht verordnen und nicht nachahmen! Nicht zuletzt deshalb ist der pädagogische Teil der Konferenz ein geeigneter Ort, an dem regelmäßig der geistige Impuls der Schule lebendig erhalten werden kann. – Auch die beschriebenen Eigentümlichkeiten der Selbstverwaltung können nicht formalisiert und nicht verordnet werden. Denn sie beruhen auf individuellem Willenseinsatz, übergeordneten Zielsetzungen, Gestaltungsfähigkeit, Liebe zur Sache, Identifikation und Verantwortung für das Ganze. Das alles sind Konsequenzen dessen, was mit „geistigem Impuls" gemeint ist. Beides, Pädagogik und Selbstverwaltung, finden im Rückgriff auf die geistige Individualität ihre Quelle. Wer hier – aus Bequemlichkeit? – etwas wegzudiskutieren versuchte, ginge der Waldorfschule an die Wurzeln. – Wir fassen zusammen:

- Der geistige Impuls macht das Spezifische unserer Schule aus. Ohne ihn wäre unsere Waldorfschule austauschbar – man könnte auf sie auch verzichten.

- Ein geistiger Impuls ist nichts Ausgedachtes und nichts, was einer Beweisführung unterliegt. Er gehört nicht in das flache Land der Theoriebildung.

- Der geistige Impuls ist nichts Vorgegebenes, sondern lebt in den einzelnen Lehrern und Eltern (ggf. auch in einzelnen Schülern) auf je verschiedene Weise. Hinter den individuellen Impulsen aber kann ein gemeinsamer Horizont aufscheinen, den man als den „Geist der Schule" erleben kann. Aus dem geistigen Impuls heraus lassen sich die Zielsetzungen der Schule im Einzelnen entwickeln. Sie folgen nicht einem abstrakten Gedanken, sondern entspringen dem Einsatz der Beteiligten.

- Durch die Pflege des geistigen Impulses der Einzelnen in der Zusammenarbeit entsteht eine unverbrüchliche Gemeinsamkeit aller Beteiligten, aus der die Schule als Gemeinschaftsunternehmen ihre Kraft bezieht – über alle persönlichen Eigenheiten hinweg.

Wer aus Impulsen zu handeln versucht, wird gleichzeitig aufmerksam auf ungewohnte Ebenen der Wirklichkeit. Er wird das Impulsartige in der übrigen Welt *wahrnehmen.* Was steckt hinter dem Reden und Handeln anderer Menschen? Ist es nur konventionell, von Befindlichkeiten ausgehend und interessengeleitet? Erlebe ich einen geistigen Impuls in mir, dann werde ich versuchen, ihn zu verstärken: die eigenen Gewohnheiten und Verhaltensweisen zu ändern, mit Erfahrungen, Instinkten, Traditionen und scheinbaren Sachzwängen anders umzugehen; ich werde den Impuls selbst ausgestalten, intensivieren und schließlich auch verantworten (Handeln aus geistigem Impuls ist nicht zu verwechseln mit dem, was man landläufig „impulsiv" nennt). – Mein Leben ändert sich von Grund auf.

Vor diesem Hintergrund besteht wohl nicht mehr die Neigung, „Führung" einer freien Schule in Form von Weisung und Umsetzung zu denken (Vorgesetzten-orientierte Führung). Führung setzt und verantwortet Ziele im Gesamtzusammenhang, ist also Verantwortungs-orientiert. Ihre Ziele legt sie nicht willkürlich fest, sondern entwickelt sie aus den in der Umwelt wahrgenommenen Aufgaben (Aufgaben-Orientierung). Und von da aus gesehen macht auch Führung als Organisationsaufgabe wieder Spaß, denn es soll ja etwas „herauskommen" (Ergebnis-Orientierung). Das Spezifische der kollegialen Selbstverwaltung ist, dass man in diese Führungsbereiche von „oben", von der Verantwortungs- und Aufgabenorientierung aus einsteigt, die sonst traditionell in fester Hand ist (Ministerium usw.) und nur untergeordnetes Funktionieren der Einzelnen zulässt. Die üblich gewordene Orientierung der Selbstverwaltung an „Strukturen", „Verfahren" oder an „Konfliktbewältigung" läuft Gefahr, das Wesentliche zu übersehen.

> *In einem Seminar entspann sich zwischen zwei Teilnehmern eine interessante Diskussion im Hinblick auf eine rechtliche Absicherung der Selbstverwaltung. Der eine schlug vor, angesichts der Nachlässigkeit mancher Kollegen die Pflicht zur Selbstverwaltung und zum Konferenzbesuch in den Anstellungsvertrag zu schreiben. Ein anderer wehrte sich dagegen heftig: An eine solche Schule würde er nie gehen! Und zwar nicht deshalb, weil er an der Selbstverwaltung nicht teilnehmen wollte, sondern gerade deshalb, weil er dies für selbstverständlich hielt. Es gehört zum Lehrer an einer selbstverwalteten Schule dazu, sich an*

dieser Selbstverwaltung auch zu beteiligen. Wenn man das mit rechtlichen Mitteln herbeizwingen muss – dann, so äußerte dieser Kollege, hapert es dort wohl mit dem „Impuls". – An dieser Stelle wurde die Frage nach dem Impuls ganz praktisch: Denn eines von beiden muss man ja tun: die Pflicht zur Selbstverwaltung in den Vertrag schreiben oder sie nicht hineinschreiben. Interessant war für viele der Gedanke, dass man durch Fixierung auf einer unpassenden (rechtlichen) Ebene den geistigen Impuls möglicherweise behindern könnte.

Zusammenarbeit im freien Geistesleben entsteht durch die Kooperation von Individuen, nicht durch Beauftragung Einzelner aus einer Gruppe; denn das Ganze ist nicht vorgegeben, sondern es entsteht erst. Daher kommt es nicht darauf an zu strukturieren und damit zu generalisieren, sondern zu individualisieren, so dass alles aus den individuellen Kräften der Beteiligten geschieht.[31] „Führung" geschieht hier situativ durch das freie Spiel von „Produktivität" und „Empfänglichkeit", also immer durch einzelne Menschen. Aber dabei entsteht eine Gemeinschaft, in der der Einzelne „Ich und zugleich mehr als Ich" ist.[32]

Eine weitere Umkehrung der gewohnten Verhältnisse liegt darin, dass der Unterschied zwischen „Führern" und „Geführten" verschwindet. Alle Mitglieder der kollegialen Selbstverwaltung sind sowohl „Führer" als auch „Geführte". Sie führen sich nämlich selbst (auch wenn es in den täglichen Abläufen hier Arbeitsteilungen gibt; vgl. oben den Moderator). Selbstführung ist die eigentliche Führungsaufgabe in der kollegialen Selbstverwaltung und zugleich ihre Energiequelle.

Heinz Zimmermann resümiert in seinem Buch *Von den Auftriebskräften in der Erziehung* sehr eindrücklich: Es sind drei Säulen, auf denen eine Gemeinschaft wie der Schulorganismus beruht: Die erste Säule ist „das Vertrauen in die erneuernde Quelle des individuellen Geistes". Die zweite Säule ist „der Sinn für das Ganze, insbesondere das Interesse an dem, was die anderen tun und denken." Und die dritte Säule ist „die alle verbindende, für alle gleiche, geistige Zielsetzung. Sie muss ebenfalls aus freier Initiative zum gemeinsamen Erleben gebracht werden."[33]

---

[31] s. a. K.-M. Dietz, 1996b
[32] R. Steiner, 1894, S. 34
[33] H. Zimmermann, 1997, S. 70f.

Souveränität

Schulführung im Rahmen der kollegialen Selbstverwaltung setzt eine Veränderung des Denkens voraus. Rudolf Steiner formuliert einmal: „... der einzelne Lehrer ist in einem gewissen Sinne souverän."[34] Wer das zu Ende denkt, kann „Souveränität" nicht mit Willkür verwechseln. „Souverän" im historischen Verständnis ist derjenige, der aus eigener Vollmacht für das Ganze (den Staat) handelt und dem sich die anderen Mitglieder dieses Ganzen unterordnen. In der kollegialen Selbstverwaltung bleibt die zuerst genannte Eigenschaft der Souveränität in vollem Umfang erhalten, die zweite aber entfällt: Es gibt keine Untertanen.[35] Darin liegt eine große Herausforderung: Wie regiert ein König ohne Untertanen?

In Der kleine Prinz *von Saint-Exupéry wird das als Karikatur vorgeführt: Der kleine Prinz besucht auf seiner Reise durch die Sphären als erstes einen Kleinplaneten, auf dem einsam ein alter König residiert. Der erhält sein Weltbild aufrecht, dass ein König selbstverständlich Untertanen hat, auch wenn sich auf seinem Planeten keine befinden. So wird der Besucher, der kleine Prinz, sofort zum „Untertan" erklärt. Der kleine Prinz aber bezieht sein Selbstverständnis nicht aus einer sozialen Klassifizierung. Der König, der in der Illusion lebt, dass es Untertanen gebe, gibt Befehle, die niemand befolgt, oder er befiehlt vorsichtshalber nur solches, das sowieso eintritt, z. B. einen Sonnenuntergang zur vorausberechneten Stunde. – Wir finden hier die lesenswerte Karikatur eines „Königs ohne Untertanen".[36]*

Wer in einer selbstverwalteten Einrichtung aus der Souveränität des einzelnen Lehrers das Recht auf Willkür ableiten wollte, sollte vorher *Der kleine Prinz* lesen, um sich die Lächerlichkeit seines Anspruchs vor Augen zu führen. – Um all das kann es sich in der kollegialen Selbstverwaltung nicht handeln. Vielmehr muss man hier sein Denken so ändern,

---

[34] R. Steiner, 22.7.1924, S. 106
[35] Zu dem ebenfalls von Rudolf Steiner gebrauchten Ausdruck „republikanisch-demokratisch" für die Arbeitsweise des Kollegiums siehe S. Leber, 1991, S. 72ff. mit weiteren Literaturangaben.
[36] A. de Saint-Exupéry, 2005

dass man realisieren kann: Ich bin König – ebenso wie jeder andere Beteiligte. In dem Maße, in dem dieses neue Bild realisiert werden kann, ändert sich das Denken, Fühlen und Wollen grundlegend. Es wäre eine lohnenswerte Aufgabe, einen Folgeband zu *Grimms Märchen* zu schreiben: Wie leben Könige, die nur von Königen umgeben sind? Die Quellen für diese Geschichten liegen nicht im alten Volksgut, sondern in einer Kultur der Zukunft – in den Kollegien der Waldorfschulen. – Wie die hier gemeinte Souveränität tatsächlich gelebt werden kann, wird im Folgenden noch näher beschrieben.

Geistige Produktivität und freie Empfänglichkeit

Wie können wir uns dieser Herausforderung stellen? – Der Befreiung des Geisteslebens von politischem und wirtschaftlichem Einfluss muss eine *innere* Befreiung entsprechen. Sie hat zu leisten, was anders nicht zu leisten wäre: dass das Ganze erst im Vollzug entsteht (und nicht vorgegeben ist), dass der Einzelne seine Fähigkeiten voll einsetzt und weiterentwickelt (statt nach Vorschriften zu handeln) und dass die Aufmerksamkeit auf den geistigen Impuls, der die Einzelnen leitet, nie abbrechen und ideologischer Fixierung weichen darf. Damit das gelingt, müssen die Menschen, die hier arbeiten, geistig produktiv sein. Darin liegt ein weiteres Argument gegen die Außenbestimmung einer Schule: Sie würde die individuelle Produktivität behindern. Geistige Produktivität ist von vornherein kanalisiert, wenn Zielsetzungen und Rahmenbedingungen festliegen, wenn Verfahrensweisen vorgegeben sind oder wenn hierarchische Amtsgewalt feststellt, was im Einzelnen zu tun ist. Für den individuellen Einsatz und die Entfaltung eigener geistiger Kräfte bleibt dann nur eine eingezäunte Spielwiese, auf der die oben beschriebenen Aufgaben eines selbstverwalteten Geisteslebens nicht erfüllt werden können.

Eine entscheidende Frage ist deshalb: Wie entsteht geistige Produktivität in den einzelnen Menschen? – Eine zweite Frage schließt sich unmittelbar an: Wie wird die geistige Produktivität der einzelnen Menschen gesellschaftlich, d. h. in der Zusammenarbeit, wirksam? Was leistet „freie Empfänglichkeit"?

Das Prinzip der „geistigen Produktivität und freien Empfänglichkeit" als Arbeitsweise des freien Geisteslebens stellt alles Gewohnte auf den Kopf.[37] Gewöhnlich fragen wir: Wer darf hier was? Oder: Wer hat welche Pflichten? Diese Fragen liegen z. B. den üblichen Strukturdebatten zugrunde. Für das Geistesleben sind die Rechte und Pflichten jedoch von nachgeordneter Bedeutung. Sie müssen ja selbst erst durch freie Taten in der Gemeinschaft gefunden werden, bevor man sie verabreden kann. Dieser Ursprung muss lebendig im Bewusstsein bleiben. Im Vordergrund stehen die Fragen: Wer produziert Ideen und setzt Impulse? Und wie werden diese Ideen und Impulse in der Gemeinschaft aufgenommen? Ohne geistige Produktivität findet Geistesleben nicht statt, ohne freie Empfänglichkeit aber auch nicht. Niemand ist verpflichtet, das, was ein anderer „produziert", gut zu finden. Das Aufnehmen ist genauso wichtig und genauso frei wie das Produzieren. – Das wäre vielleicht schon eine Grundlage für den vorgeschlagenen Folgeband von *Grimms Märchen*: Der eine „Souverän" produziert Ideen, der andere „Souverän" interessiert sich aktiv dafür. Dadurch fällt ihm vielleicht selbst etwas ein, und er regt damit wieder andere zu weiterer „Produktion" an. Produktivität und Empfänglichkeit unter „Souveränen" ist nicht an Personen oder Gruppen gebunden, so dass die einen produzieren und die anderen rezipieren. Sondern in jedem Menschen leben beide Freiheiten als Entwicklungsanlagen. Aus ihrer Entfaltung und ihrem Zusammenwirken entsteht das Gemeinsame. So kann man z. B. durchaus von einem „inspirierenden Zuhören" sprechen[38] oder „man kann oft erleben, daß Mitarbeiter über sich selbst hinauswachsen, wenn ihre Kompetenz anerkannt und ihre Leistung erwünscht und erwartet wird"[39]. Machtstreben oder ausgeprägtes Selbstverwirklichungsbegehren hingegen können als „natürliche" Gegner der geistigen Produktivität einerseits und der freien Empfänglichkeit andererseits angesehen werden.

Das Gemeinschaftliche einer Einrichtung des freien Geisteslebens besteht nicht in „freiheitlich" festgelegten Verkehrsregeln und auch nicht darin, einem „frei" gewählten Gesinnungskollektiv anzugehören. Die Frei-

---

[37] R. Steiner, 1919a, S. 80-85
[38] M. Kalwa, 1998, S. 29
[39] H. Zimmermann, 1997, S. 49

heit des freien Geisteslebens beruht auf der Produktivität aller Mitwirkenden. Sie ist die *aktive* Freiheit jedes Einzelnen.

Wenn man das, was aus geistiger Produktion stammt, am liebsten „als persönliche Angelegenheit des produzierenden Menschen" betrachtet und wenn überhaupt „ein offener Sinn für individuelle Geistesleistungen [der] Mitmenschen fehlt"[40], dann ist Arbeit im Geistesleben nicht möglich. Das wusste schon Sokrates, der es als seine Hauptaufgabe ansah, den Gedanken der Mitmenschen gegenüber eine „Hebammenkunst" (Maieutik) auszuüben: den Gedanken ans Licht zu verhelfen und zu prüfen, ob sie tragfähig sind.[41] Das setzt voraus, dass man sich für die Gedanken der anderen aktiv interessiert.

Die Verwirklichung von freiem Geistesleben ist also an die Bereitschaft zum Umdenken und an innere Anstrengungen gebunden. Da kann man natürlich die Frage stellen: Lohnt sich der Aufwand? – Die Frage wird jeder nur für sich selbst beantworten können. Hier sei lediglich auf einige „Gesetzmäßigkeiten" als Entscheidungshilfen hingewiesen. Die eine ist: Ohne innere Umwendung ist kollegiale Selbstverwaltung nicht möglich. Man kann die skizzierten Aufgaben der Selbstverwaltung (das Ganze gestalten und verantworten, individuelle Fähigkeiten einbringen, aus geistigen Impulsen handeln) nicht aus Denk- und Willensgewohnheiten leisten, die für diese Anforderungen nicht ausgelegt sind. Soziale Technik ist in der Selbstverwaltung unverzichtbar. Sie wird aber unproduktiv, sobald sie zu einer Art „Selbstläufer" wird, d. h. nicht mehr vom Bewusstsein der Beteiligten durchdrungen ist. – Zweitens: Wer es dennoch versucht, eine selbstverwaltete Schule aus traditionellen Bewusstseinskräften zu betreiben, der gefährdet das, was er eigentlich betreiben will. Man kann nicht auf halbem Wege stehenbleiben, also z. B. individuelle „Freiheit" beanspruchen, ohne die damit verbundenen Leistungen zu erbringen. Das bliebe ein in sich widersprüchliches Verhalten. Wer würde schon den Beruf des Cellisten anstreben und sich gleichzeitig weigern, Noten zu lernen?

---

[40] R. Steiner, 1919b, S. 46
[41] Platon, *Theaithetos*

Souveränität im Denken

Lässt sich konkretisieren, worin die soeben angesprochene geistige „Souveränität" besteht und wie ich sie bei mir fördern kann? Unter den Stichworten „Authentizität" und „personal mastery"[42] wird dem, was Steiner als „Souveränität" bezeichnet, in neuester Zeit mit Recht eine wachsende Bedeutung für das praktische Leben zugemessen. Erstaunlich ist weiterhin, dass auch heute wieder neu der Zusammenhang von „personal mastery" (Selbstführung, Selbstentwicklung) und der Fähigkeit, sein Denken zu handhaben, herausgestellt wird.[43] Über Arten und Anforderungen des Denkens wird später unter dem Stichwort „Transparenz" noch gehandelt. Zu den Anforderungen an ein unternehmerisches Denken gehören auf jeden Fall folgende Fähigkeiten:

- *Der Umgang mit Komplexität, Diversität, Disparität:*
  Es geht um die Fähigkeit, die Vielfalt der Erscheinungen zu erfassen, ohne sie zu reduzieren; und auch solche Erscheinungen zusammenschauen zu können, die sich scheinbar widersprechen. – Wer das nicht bewältigt, reduziert die Wirklichkeit, in der er sich bewegen will, bevor er ihr überhaupt nahe kommt. Er reduziert sie meistens auf Bekanntes oder ins Auge Fallendes. Es gilt aber, auch widersprüchliche Botschaften anzunehmen und Widersprüche nicht zu tabuisieren, indem man darauf verzichtet, sie zu hinterfragen und zu verstehen.

- *Antizipation*
  Unternehmerisches Denken muss in der Lage sein, über den Augenblick hinauszudenken. Das geschieht auf der einen Seite durch Kreativität und Phantasie[44], auf der anderen Seite aber schon dadurch, dass man mit den Konsequenzen dessen rechnet, was man tut. Dazu gehört auch, die mögliche oder wahrscheinliche Reaktion der Partner auf das eigene Handeln abzuschätzen, d. h. die durch das eigene Handeln eingetretene Situation durch die Augen der Betroffenen und Beteiligten sehen zu können.

---

[42] zu „personal mastery" siehe: P. M. Senge, 2001
[43] „Systemdenken", P. M. Senge, 2001
[44] Näheres dazu unten unter „Beratung".

Das pädagogische Geschehen an einer Schule ist ohnehin stark antizipativ. „Das Leben ist heute ein recht kompliziertes geworden. Da kann der junge Mensch manchmal nicht ermessen, was ihm für das Leben notwendig ist und nützlich sein wird. Der Lehrer beschäftigt sich Tag und Nacht damit, herauszubekommen, wie es im Leben sein wird, wenn nach der jetzigen Zeit zehn, zwanzig Jahre vergangen sein werden."[45] Diese Anforderung gilt aber auch gegenüber allem sozialen Handeln unter Erwachsenen.

Alles Handeln und Leben geht in die Zukunft. Ohne Zukunftsinteresse brauche ich nicht nach Orientierung zu suchen; ich kann mich mit gegenwartsbezogener Wohlfühlzufriedenheit begnügen. Die Zukunft entsteht durch Tatenfolgen. Orientierung bilde ich mir deshalb dadurch, dass ich mich u. a. mit den Folgen meiner Taten, der getanen und der vorgenommenen, ebenso auseinandersetze wie mit den Taten der anderen Menschen um mich herum. Das ist die Grundaufgabe der Antizipation.

- *Entschleunigung*
  Wer unternehmerisch handeln will, muss zugreifen und effizient sein – aber vor alle dem steht die Anforderung, sich die Situation vollständig bewusst zu machen. Das heißt in der Regel, Entscheidungen nicht zu übereilen. Vor der Effizienz steht das gründliche Nachdenken, sonst ist es auch mit der Effizienz nicht weit her. Das gilt insbesondere für Entscheidungen, die keinen Routinecharakter haben. Wie leicht gegen diese Anforderung verstoßen wird, haben wir in den beiden früheren Kapiteln an einigen Beispielen gezeigt.

- *Adlerblick*
  Es bedarf der Fähigkeit, eine Situation „von ganz weit oben" zu betrachten, sich einen Überblick zu verschaffen, ohne dabei die Einzelheiten aus dem Auge zu verlieren. Das bedeutet zugleich, immer wieder den eigenen Standpunkt wechseln zu können (Näheres darüber unter „Transparenz").

- *Entformalisierung des Denkens*
  Wer sich einer Situation nicht gewachsen fühlt, versucht häufig, sich in formales Denken zu retten. Er verteidigt dann als „logisch", was in

---

[45] R. Steiner zu Schülern am 20.6.1922, S. 149

Wirklichkeit größere soziale Katastrophen nach sich ziehen kann. Die wirkliche Situation wird nicht erfasst. Logisches Denken dient dann der Defensive oder der Absicherung. Man kann *begründen*, warum man so oder so gehandelt hat. Das hat für manche Menschen den Vorrang davor, wirklich *fruchtbar* zu handeln. Mit einem solchen defensiven Denken ist häufig eine Widersprüchlichkeit zwischen Denken und Sprechen einerseits und ein gewisser Automatismus andererseits verbunden. Man lässt sich von logischen Schlüssen zum Handeln bewegen, ohne seinen eigenen Willen oder auch das eigene Gefühl mit einzubringen. Häufig zu beobachten ist auch der Versuch, durch organisierendes Denken auftretende Widersprüche zu beschneiden oder zu unterlaufen. Die eigene Hilflosigkeit, die Resignation oder der Zynismus werden dadurch abgesichert.[46] Zur Karikatur wird diese Art des Denkens dann, wenn etwa als Begründung für einen bestimmten Beschluss geäußert wird: „Die Konferenz hat das beschlossen." Die Funktionsweise eines Kollektivs tritt an die Stelle individueller Verantwortung und sachlicher Gesichtspunkte.

- *Initiatives Handeln*
  Wer unternehmerisch vorgeht, handelt aus sich heraus. Wer einfach nur Aufträge ausführt, ist ein Vollstrecker, kein verantwortlich Tätiger. Hier wird oftmals beobachtet, dass zwischen Handeln aus Beauftragung und individueller Kooperation nicht deutlich genug unterschieden wird. Im einen Falle führt der Einzelne aus, was eine Gemeinschaft beschlossen hat, im anderen Falle entsteht das Gemeinschaftliche dadurch, dass die Einzelnen ihre Leistungen zusammenführen.

Der „Souveränität" können natürlich noch andere Hindernisse entgegenstehen, die mehr aus der Persönlichkeitsstruktur der Einzelnen stammen. Hier prüfe sich jeder selbst, inwieweit er mit negativen Einstellungen gegenüber der eigenen Person, den eigenen Fähigkeiten oder der Zukunft lebt, wieweit er zu Pessimismus, Selbstunsicherheit, Einfallsarmut, Orientierungslosigkeit und zirkulärem Grübeln oder auch zu aggressivem Verhalten gegenüber Mitmenschen neigt; wieweit er sich eher

---

[46] Vgl. E. Kirchler u. a., 2004, S. 173

an Misserfolgen als an Erfolgen orientiert, einer Rückzugs- bzw. Vermeidungshaltung folgt und vor Verantwortung flieht. Die genannten Haltungen können bei depressiver Disposition exemplarisch beobachtet werden.[47] Sie sind aber auch sonst nicht selten. Im Hinblick auf das Denken werden in diesem Zusammenhang „dysfunktionale kognitive Schemata" aufgestellt, z. B.: „Typische kognitive Verzerrungen und dysfunktionale Kognitionen sind: Willkürliche Schlußfolgerungen, selektive Abstraktionen, Personalisieren, Übergeneralisieren, Magnifizieren negativer Erfahrungen, Minimieren positiver, erfolgreicher Erfahrungen, moralisch-absolutistisches Denken und ungenaues Benennen. ... Mit dem Entstehen der depressiven Schemata setzt ein zirkuläres Feedbackmodell ein, wodurch es zur Verfestigung, Vertiefung und Aufrechterhaltung der Depression und der damit kausal verknüpften Kognition kommt."[48] Auch „automatische Gedanken" und dahinterstehende schwer auflösbare „Grundüberzeugungen" gehören in diesen Zusammenhang.[49] Auf diese Seite menschlicher Disposition aufmerksam zu werden, ist deshalb nützlich, weil möglicherweise vieles, was im Gewande der Argumentation daherkommt, nur der Rationalisierung eines vorherrschenden Lebensgefühls dient. Angesichts emotionaler Besetztheiten ist die Selbsterkenntnis jedes Einzelnen herausgefordert.

Im Sinne dieser Selbsterkenntnis kann man sich zum Beispiel fragen, ob man zu aggressiver Kleinkrämerei neigt (jedes Detail muss stimmen, gleichgültig, ob das wichtig ist), die oftmals einem Absicherungsbedürfnis entspringt, ob man soziale Basis-Gesetzmäßigkeiten kennt oder deren Unkenntnis durch ein angeborenes Empörungsbedürfnis[50] kompensiert und ob man einen hinreichenden Sinn für Individualität (die eigene ebenso wie die des anderen Menschen) ausgebildet hat. – Emotionale Barrieren behindern das Zusammenleben von Menschen auch sonst. In der Selbstverwaltung, die sich ihre Lebensbedingungen selbst erzeugen muss, stehen sie der angestrebten „Souveränität" besonders störend entgegen.

---

[47] M. Hautzinger, 1998, S. 4
[48] M. Hautzinger, 1998, S. 32
[49] M. Hautzinger, 1998, S. 33. Siehe dazu auch K.-M. Dietz, 1996c, S. 11-56; sowie 1997, S. 9-66
[50] Ausdruck von J. Denger, 2005

Wenn gelegentlich daran gezweifelt wird, ob man sinnvolle Konferenzgespräche überhaupt im größeren Kreis, mit 30 Teilnehmern oder mehr, führen kann, so wird man sich klarmachen dürfen, dass dies unter „souveränen" Menschen ohne weiteres möglich ist. Das nicht-Souveräne durch Regeln oder Verfahren eindämmen zu wollen, wird allerdings nicht sehr erfolgreich sein. Es kommt vielmehr auf die Bewusstheit jedes Einzelnen an, welche Fähigkeiten er bei sich weiter schulen kann; z. B.: Unterscheidungsvermögen statt Pauschalisierungstrieb, Selbstdisziplin statt Vorherrschen von Befindlichkeit, Aufgabenbewusstsein statt Selbstverwirklichungsmentalität, Verantwortung für das Ganze statt subjektiver Rechtfertigung. Es kommt nicht darauf an, diese Fähigkeiten zu „haben", sondern darauf, sie immer weiter entwickeln zu wollen. Schon der Weg ist hier das Ziel. – „Unmöglich" ist ein Konferenzgespräch im größeren Kreise jedoch wahrscheinlich dann, wenn alle darauf bestehen, sich so einzubringen, wie sie immer schon waren. Aber dann dürfte Selbstverwaltung im Sinne des freien Geisteslebens ohnehin kaum gelingen.

Das dialogische Prinzip

Der Ausbildung der erforderlichen Fähigkeiten dient das dialogische Vorgehen. Dessen Grundanliegen könnte man so formulieren: Wie kommt jeder Einzelne zur Selbständigkeit? Und wie kommen die selbständigen Einzelnen zur Zusammenarbeit? – Dies ist eine Fragestellung, die in Wirtschaftsunternehmen seit einiger Zeit gestellt wird. Wir sind darauf im Hardenberg Institut eingegangen und haben das Konzept einer „Dialogischen Führung" entwickelt.[51] Wenig später begannen auch die Anfragen von Kollegien des freien Geisteslebens zu diesem Thema.

Zunächst einmal: Was heißt „dialogisch"? Wer sich nur am Wort orientieren wollte, könnte das für eine Art von „Führung" halten, bei der über alles so lange geredet wird, bis die Teilnehmer selig ermattet unter den Tisch sinken. Aber es ist anders gemeint. „Dialog" ist ein griechischer Begriff, der zum ersten Mal bei Platon auftaucht. Er enthält zwei Be-

---

[51] K.-M. Dietz, 2001a; K.-M. Dietz, T. Kracht, 2002

standteile: *dia* (= *durch*) und *Logos*. „Dialogisch" ist eine Art der Zusammenarbeit, durch die „der Logos durchgeht". Der Logos ist in der griechischen Philosophie dasjenige, was den Erscheinungen der Welt als Wirkendes zugrunde liegt.[52] Er steuert alles Naturgeschehen und ist auch im Menschen vorhanden. Dort ist er aber nicht abgeschlossen und zum Ergebnis gekommen wie draußen in der Natur, sondern er ist noch am Werk: „Der Seele ist Logos eigen, der sich selbst mehrt" (Heraklit). Heute würde man sagen: Der Logos lebt im Menschen als sein Ich. Der wirkende Geist in der Welt und das Ich des Menschen: beide sind von gleicher Natur. Das steht im Hintergrund, wenn von der „geistigen Individualität" des Menschen gesprochen wird. – Mit „Dialog" ist also eine Art des Zusammenwirkens und -handelns gemeint, in dem der Logos als Wirkprinzip der Welt anwesend ist und in dem sich das Ich jedes einzelnen Menschen aufrecht erhält. Eine Zusammenarbeit ist „dialogisch", wenn sie von Mensch zu Mensch, von Ich zu Ich geht und zugleich der Wirklichkeit verpflichtet ist. („Dialog" bei Martin Buber und David Bohm ist anders akzentuiert.)[53]

Eine besondere Herausforderung liegt darin, dass nicht nur die individuelle Leistungsfähigkeit, sondern auch die Sozialfähigkeit vom Einzelnen ausgehen muss. Denn ein wirksames Regulativ von außen kann es aus den dargelegten Gründen nicht geben. Wir leben heute im Zeichen eines neuen Individualismus. Dessen Aufgaben werden seit einiger Zeit beschrieben, ihre Lösung ist aber noch im Werden. Rudolf Steiner hat vor Jahrzehnten diesen Umschwung bereits vorweg genommen: „Während im vierten nachatlantischen Zeitalter [Antike, Mittelalter] der Mensch streben mußte, mit aller Gewalt sich bewußt zu werden des Ich im physischen Leibe, so muß der Mensch unseres fünften nachatlantischen Zeitraumes [seit Beginn der Neuzeit] darauf hinarbeiten sich bewußt zu werden, daß das Ich der geistigen Welt angehört. Und die Erweiterung des Ich-Bewußtseins über die geistige Welt, das ist Geisteswissenschaft."[54] Wir möchten deshalb den neuen Individualismus als „spirituel-

---

[52] Genaueres bei: K.-M. Dietz, 2004c
[53] M. Buber, 1929; D. Bohm, 2000; M. und J. F. Hartkemeyer, L. F. Dhority, 1992²; W. Isaacs, 2002
[54] R. Steiner, 20.11.1914, S. 112. Weiteres zum neuen Individualismus und seiner Aktualität in der Gegenwart bei K.-M. Dietz, 2005

len Individualismus" bezeichnen.[55] „Dialogische Führung" ist ein Versuch, Fragen der Führung und der Zusammenarbeit unter diesem Aspekt weiter zu bewegen. Sie geht von der Tatsache aus, dass jeder, der mit anderen zusammenleben oder -arbeiten will, seine Aufmerksamkeit in vier verschiedene Richtungen zu lenken hat:

1. *Die einzelnen Menschen*
Überall haben wir es mit Menschen zu tun. Nehmen wir sie als solche ernst oder sortieren wir sie nur danach, ob sie uns gefallen oder missfallen, ob sie uns nützlich oder weniger nützlich sind? Die erste Herausforderung unseres Zeitalters besteht darin, den einzelnen Menschen ernst zu nehmen und sich dabei auch der eigenen geistigen Individualität immer mehr bewusst zu werden.

2. *Das gegebene Ganze*
Die Schule, in der wir arbeiten, besteht nicht nur aus der Summe der in ihr tätigen Menschen. Da gibt es noch vieles andere. Habe ich alles im Blick und verstehe ich all das, was vor sich geht? – Die Aufgabe ist hier: Wie gewinnt jeder Einzelne *sein eigenes* Verhältnis zum Ganzen? Und wie können alle so gewonnenen Verhältnisse zur gemeinsamen Wirklichkeit in eine Beziehung gesetzt werden? Bei dieser Bemühung taucht alsbald die Frage auf, wo dieses „Ganze" endet: mit dem Schulgeschehen im engeren Sinne (dem Unterricht) sicher nicht. Zur Schule gehören beispielsweise auch die Außenverhältnisse (Gesetze, Behörden, Nachbarn), die Ressourcen (Gebäude, Finanzmittel), die geistigen und sozialen Zeitverhältnisse, die pädagogischen Grundlagen und auch die Geschichte der Schule. „Schule" ist ein äußerst komplexes und weltoffenes Gebilde.

3. *Die Zukunft*
Wenn man sich zu einer Besprechung trifft, dann geht es ja nur zu einem kleinen Teil um Verständigung über das gegenwärtig Bestehende. Man trifft sich eigentlich, um zu beraten, was in der Zukunft geschehen soll, wie z. B. ein anstehendes Problem gelöst werden kann. Der Blick auf die Zukunft ist von dem Blick auf das Bestehende zu unterscheiden. Beim Bestehenden kommt es darauf an, was

---

[55] Dazu Weiteres im Schlusskapitel.

tatsächlich der Fall ist (statt seine subjektiven Vorstellungen ins Spiel zu bringen, Illusionen zu verfallen, Wünsche an die Stelle von Tatsachen zu setzen etc.). Bei dem Blick in die Zukunft wird über etwas gesprochen, das noch gar nicht da ist, aber vielleicht einmal eintreten wird. Ihr gegenüber gibt es Erwartungen oder Befürchtungen. Notwendig sind meistens: Ideen.

4. *Das Handeln*
Schließlich kommt es darauf an, nicht nur die Menschen, die gegebenen Tatsachen und die Zukunft ins Auge zu fassen, sondern auch zum *tatsächlichen Handeln* zu kommen. Wie entfaltet der Einzelne seine Initiativkraft – und zwar so, dass das Ganze im Blick ist und weiter gefördert wird? Wie kommen gemeinschaftliche Taten zustande? – Das ist eine entscheidende Fragestellung für jede Zusammenarbeit.

Die Herausforderungen des Dialogischen

Bevor wir uns der Frage zuwenden, wie sich diese vier Blickrichtungen im sozialen Leben durchdringen, möchte ich zusammenfassen, worin ich die neuartigen Anforderungen unserer Zeit im Hinblick auf die Zusammenarbeit sehe:

1. Das Interesse am individuellen Menschen
   Statt: Rollenverhalten oder Instrumentalisierung des anderen

2. Die Eigenständigkeit jedes Einzelnen
   Statt: Machtwissen oder Meinungsdiktatur

3. Geistige Produktivität und freie Empfänglichkeit
   Statt: Tradition oder Strukturvorgaben (Rechte und Pflichten)

4. Handeln aus Initiative
   Statt: Beauftragungsmentalität oder Selbstverwirklichung

Die damit verbundenen Führungsaufgaben können vorläufig so beschrieben werden:

1. Dem einzelnen Menschen die Entwicklung im Gesamtgeschehen ermöglichen.
2. Den gegebenen Verhältnissen in ihrer Komplexität gewachsen sein.
3. Geistige Impulse erzeugen und realisieren.
4. Die eigenständigen Tätigkeiten der Einzelnen zu einem Ganzen verbinden.

Wir haben es mit einem doppelten Vorgang zu tun. Das Individuelle durchdringt mehr und mehr die gemeinschaftlichen Vorgänge. Das heißt zugleich: Das Individuelle wächst an den gemeinschaftlichen Vorgängen. Wir beschreiben deshalb keine Anforderungsprofile, sondern begeben uns gemeinschaftlich ans Werk und ins Risiko. Wir erfinden nicht vorab Strukturen, die schon im Vorfeld festlegen würden. Wir gestalten konkrete Prozesse der Zusammenarbeit, aus denen sich nachträglich strukturelle Elemente ergeben können, im Sinne des im Strömen gebildeten Flussbettes. „Dialogisch" heißt in dieser Hinsicht, dass das, was traditionell fest geworden ist, in Fluss kommt. Daher sprechen wir von den dialogischen *Prozessen*:

1. Individuelle Begegnung
Hier geht es darum, dem anderen Menschen als Individualität zu begegnen (nicht als Gattungswesen, Funktionsträger usw.) und dabei auch sich selbst als geistige Individualität zu entdecken. In der Waldorfpädagogik kennen wir diese Haltung den Kindern gegenüber sehr gut: Wir fassen sie als geistige Wesen auf, denen wir zu ihrer Selbstentwicklung verhelfen wollen. Wir Erwachsenen, die Eltern und Lehrer – so hat es Rudolf Steiner einmal formuliert – geben eigentlich nur die Umgebung (eine möglichst geeignete Umgebung!) dafür ab, dass die Kinder aus ihrem geistigen Wesen heraus sich selbst entwickeln können.[56] Stehen wir jedoch einem Erwachsenen gegenüber, sind wir eher geneigt zu bemerken, was sich bei ihm schon verfestigt hat: seine Charakterzüge, seine erworbenen Fähigkeiten und Hand-

---

[56] K.-M. Dietz, 2003a

lungsweisen – all das, was aus der Vergangenheit kommt und aus dieser Vergangenheit heraus prägend wirkt. Wir sind geneigt, all das mit dem Menschen selbst zu identifizieren. – Wie oft „begegnen" wir andererseits dem anderen Menschen so, dass wir uns eine Vorstellung von ihm bilden, die seinem Wesen ganz fern liegt. Wir begegnen dann in Wirklichkeit gar nicht dem Menschen, sondern unserer eigenen Vorstellung von ihm. Daraus entstehen immer wieder folgenreiche Missverständnisse. Sie können das soziale Klima nachhaltig beeinträchtigen.

Der Prozess der „individuellen Begegnung" stellt ein freilassendes, zukunftsorientiertes Verhältnis von Individualität zu Individualität her. Dabei bleibt es nicht aus, dass sich die Individualitäten gegenseitig anregen und in ihren Fähigkeiten „steigern".

2. Transparenz

Mit dem Blick auf das gegebene Ganze – über die einzelnen Menschen hinaus – stellen sich neue Fragen: Was ist wirklich der Fall und was bilden wir uns nur ein? Wie können wir das, was der Fall ist, beurteilen? Ist unser Blick auf das Ganze vollständig oder lassen wir Wesentliches außer Betracht? – Um hier weiterzukommen, bedarf es eines regen Austauschs, einer Informations- und Kommunikationsfreudigkeit. Das Geschehen in der Schule muss für alle Beteiligten „durchscheinend", „transparent" werden. Unsere gemeinsame Arbeit kann nur gelingen, wenn *jeder* Beteiligte in der Betrachtung und Gestaltung des Ganzen selbständig wird. Zu dieser Selbständigkeit verhelfen wir uns gegenseitig. Das ist das eigentliche Ziel der „Transparenz".

3. Beratung

Wenn der Blick auf die Zukunft zum sozialen Prozess wird, nennen wir ihn „Beratung". In Konferenzen, Arbeitskreisen, Elternabenden usw. geht es letzten Endes immer um Gestaltung von Zukunft. Wie kommt die Zukunft in die Gegenwart herein? Oftmals stellt man sich ja die entgegengesetzte Frage: Wie bekommt das, was mir in der

Gegenwart wichtig geworden ist, Dauer, so dass es beständig bleibt für die Zukunft? Das Bestehende zu konservieren ist aber kein tragfähiger Ansatz für das geistige Leben. „Bewährtes" ist nicht schon deshalb gut, weil es bewährt ist – sondern nur dann, wenn ich es aktuell als solches erkenne. Der Zukunft gegenüber stellt sich die umgekehrte Frage: Was können wir heute tun, damit nächste Woche, nächstes Jahr oder in fünf Jahren das dann Angemessene geschieht? Denn *was* dann im Einzelnen angemessen sein wird, können wir heute noch gar nicht wissen. – Bei der gegenseitigen Beratung im Hinblick auf die Zukunft kommt das Grundprinzip des freien Geisteslebens besonders zum Tragen: geistige Produktivität und freie Empfänglichkeit. Hier geht es ganz besonders darum, Ideen zu „produzieren" und Impulse zu fassen. Alles hängt davon ab, ob die Ideen und Impulse *als solche* tragfähig sind und ob sie dadurch *in der Gemeinschaft* leben, dass sie die Akzeptanz der anderen finden. Es gibt wohl keinen Augenblick im Schulgeschehen, wo nicht die Zukunft in die Gegenwart hereinleuchtet – auch wenn wir es uns nicht immer klarmachen.

4. Entschluss

Alle vorausgehenden Überlegungen wären vergeblich, wenn nicht konkrete Handlungen folgten. Die anderen Prozesse sind dabei vorauszusetzen: Die Menschen müssen einbezogen, die Gegebenheiten berücksichtigt und die Ideenbildungen abgeschlossen sein. Dann kommt der Augenblick der Beschränkung. Ich kann Vieles bedenken, aber nur Eines durchführen. Sobald es zum Handeln kommt, gibt es kein Zurück mehr. Was geschehen ist, kann nicht ungeschehen gemacht werden (man kann höchstens versuchen, durch weitere Handlungen unerwünschte Folgen abzumildern). Andererseits *muss* gehandelt werden. Darauf läuft das ganze Geschehen hinaus. Wie leicht geschieht es da, dass etwas übereilt, ohne gründliche vorherige Beratung, getan wird! Wie leicht geschieht es aber auch, dass nichts geschieht – z. B. aus Angst davor, etwas falsch zu machen.

Mit den dialogischen Prozessen sind zugleich die Elemente beschrieben, die im Besonderen geeignet sind, die übliche Außenlenkung durch innere Freiheitsakte zu ersetzen:

Geistige Traditionen und Ideologien werden aufgehoben in der gemeinsamen Ideenbildung; der Blick auf die Individualität des einzelnen Menschen ersetzt Rollenverhalten und ständische Gliederung (Ämter); der eigenständige Blick des Einzelnen auf die gegebene Wirklichkeit ersetzt Rahmenbedingungen und Vorschriften; das initiative Handeln steht an der Stelle von direktorialen Anweisungen oder des Vollzugs vorher ausgedachter Detailplanungen. – Die kollegiale Selbstverwaltung dreht das übliche Verhalten um 180 Grad, und es entsteht dabei die erwähnte Ambivalenz: der errungenen Freiheit von äußerer Beeinflussung steht die Notwendigkeit zur Eigenverantwortung gegenüber. Wie das im Einzelnen geschehen kann, ist Thema des nächsten Kapitels. –

Das oben bereits angesprochene unternehmerische Element der kollegialen Selbstverwaltung ist auf verschiedene Weise beschrieben worden: als Integration und Impulsierung, als Realisierung des geistigen Impulses und als Teilhabe am Logos durch eine vierfache „dialogische" Disposition. Es kann jetzt in folgenden Sätzen zusammenfasst werden:

Zukunft – Beratung

Wie werden möglichst viele Menschen schöpferisch?
Wie fließen die geistigen Impulse der Einzelnen in die
Zukunft der Schule ein?

Wirklichkeit - Transparenz

Wie kommt jeder Einzelne zu
seinem Blick auf die gemeinsame
Wirklichkeit?
Wie entsteht aus den Aspekten
der Einzelnen die gemeinsame
Wirklichkeit?

Menschen - individuelle Begegnung

Wie können sich möglichst viele
Menschen weiter entwickeln?
Wie wird der Einzelne in seiner
Entwicklung gefördert?

Handeln – Entschluss

Wie werden möglichst viele Menschen initiativ?
Wie entsteht aus den Initiativen der
Einzelnen ein gemeinsames Handeln?

Unternehmerisches Handeln steigert im Vollzug der dialogischen Prozesse seine Grundeigenschaften. Es ist

geistesgegenwärtig
statt plangemäß
oder traditionshaltig

situationsgemäß   **menschengemäß**
statt prinzipiell   statt systematisch
oder chaotisch   oder zufällig

autonom
statt vorschriftsmäßig
oder willkürlich

In dem Maße, in dem solches gelingt, werden auch die Konferenzen zu Zeiträumen der Begegnung, zu Orten gemeinsamer Wahrheitsfindung, zu Zukunftswerkstätten und zum Ausgangsort gemeinschaftlichen Handelns.

So ist es nützlich, diese Gesichtspunkte in jedem Konferenzgespräch wachzuhalten, indem sich dessen Teilnehmer beispielsweise folgende Fragen stellen:

1. Wo steht jeder Einzelne? Welche Ansichten und Absichten bringt er mit? – Das ist der Aspekt der individuellen Begegnung. Daraus ergibt sich dann eine Arbeit an den Ansichten (2) und Absichten (3).
2. Wie ist der im Augenblick gegebene Sachverhalt? Ist alles berücksichtigt? Auch solches, das über die Befindlichkeit der Menschen (1) hinausgeht? Welches sind die Ressourcen, die uns zur Verfügung stehen? Welches sind die Voraussetzungen und Konsequenzen des Status quo? – Das ist der Aspekt der Transparenz.
3. Worauf wollen wir hinaus? Was nehmen wir uns als Zielsetzung vor? Was war der Anlass dafür? Welche Impulse leiten uns? Was ergibt sich aus ihnen? – Dies wäre ein Aspekt der Beratung.
4. Was kann, soll oder muss wirklich getan werden? Welche Möglichkeiten haben wir? Was passt am besten in die jetzige Situation? Wozu

entschließe ich mich? Hinter welche Entscheidung können sich die beteiligten Menschen am besten stellen? – Das ist der Aspekt der Beschlussfassung.

Auf mich selbst bezogen kann ich auch so formulieren:

Was fällt mir ein?

Was finde ich vor?   Was erlebe ich?

Was will ich?

„Dialog" unterscheidet diese vier Aspekte, denn aus ihrer Vermischung entsteht manches Unheil (Verwechslung von Wunsch und Wirklichkeit, von Idee und Erfahrung usw.). Aber gleichzeitig stellt das dialogische Element auch den Zusammenhang zwischen diesen vier Aspekten her. Ich kann mir nichts Sinnvolles einfallen lassen, wenn ich kein Verhältnis zur Wirklichkeit habe, wie sie hier und heute ist. Mein Handeln wird problematisch, wenn ich es nicht an Aufgabenstellungen ausrichte, die ich vorfinde; es hätte keinen Sinn, eine hervorragende Idee zu produzieren, mit der die anderen Beteiligten wenig anfangen können.

Zwischenruf:
Unterliegen wir einer Illusion?

Ist das nicht alles ein bisschen viel verlangt? Geistiger Impuls, Produktivität, Dialog: Wer kann das im Alltag alles im Bewusstsein haben? – Nun, man kann sich zumindest gegenseitig dabei helfen: Wie nach dem vorausgehenden Kapitel, so können auch hier wieder verschiedene Ebenen unterschieden werden:

1. Klarheit

    Zunächst kann ich mir klarmachen, worum es im Wesentlichen geht: Wie ein zeitgemäßes Unternehmertum die Prozesse anstößt und in Gang hält, so gilt das auch für die Schulführung mit ihrem doppelten Geschehen (Integrieren und Impulsieren). Das Ganze beruht darauf, sich des zugrundeliegenden geistigen Impulses ständig bewusst zu sein (was ja nicht bedeutet, dass man ständig darüber redet) und die Zusammenarbeit auf der Arbeitsgrundlage des freien Geisteslebens zu gestalten (geistige Produktivität und freie Empfänglichkeit, nicht Rechte und Pflichten). Gemeinschaft entsteht durch gemeinsame Teilnahme am geistigen Impuls, nicht durch Interessenausgleich oder vorgängige Regelung. Die Freiheit des Einzelnen führt nicht zur Beliebigkeit, sondern zur Verantwortung für das Ganze. Diese Freiheit tatsächlich auszuüben, ist in einer selbstverwalteten Schule notwendig. Mit alledem sind bestimmte Anforderungen an das Denken verbunden, die ich mir klarmachen kann. Das vorstehende Kapitel sollte zunächst nur eine hinreichende Grundlage für diese Klarstellung bieten. Näheres dazu findet sich im nächsten Kapitel unter „Transparenz".

2. Klippen

    Wenn ich mir die erwähnte „Klarheit" verschafft habe, kann ich beschließen, auch danach zu handeln. Bei der Realisierung gibt es erfahrungsgemäß zwei Klippen. Die eine ist die, dass mir die Aufgabe angesichts der Gegebenheiten zu groß erscheint und ich ein Scheitern vorausnehme. Diesen Standpunkt gilt es als gänzlich unberechtigt zu durchschauen. Noch nie ist etwas Neues oder Weiterführendes in die Welt gekommen, wenn man vorher eine Erfolgsgarantie verlangt hat. Wer solches tut, zeigt nur, dass er aus seinem bürokratisch-sicherheitsorientierten Denken nicht herauszukommen gedenkt. Das ist das Gegenteil einer unternehmerischen Haltung.

Die zweite Klippe, die auch nicht selten beobachtet wird, besteht darin, dass es immer wieder Menschen gibt, die die Lust verlieren, etwas an sich Plausibles zu verwirklichen, wenn es ihnen persönlich zu schwierig erscheint; insbesondere dann, wenn sie dazu in eine innere, seelische Entwicklung aktiv eintreten müssten. – Wer sich in eine selbstverwaltete Schule begibt, musste damit jedoch von Anfang an rechnen. Selbstentwicklung und Selbstführung gehören hier zur Arbeitsgrundlage. Natürlich wird das oft verbrämt: Man äußert schon im Vorfeld so viele „sachliche" Einwände gegen eine konsequente Durchführung des Selbstverwaltungsgedankens, dass es zu einer Entscheidung, ob ich da mitwirken will, gar nicht mehr kommt. Oder man erklärt es für sein gutes Recht, so zu bleiben, wie man ist. Und das ist ja auch zweifellos der Fall: Auf der Ebene von Rechten und Pflichten kann Selbstentwicklung nicht angemahnt werden. Man wird sich aber klarmachen müssen, dass man in einem selbsterzeugten Widerspruch lebt, wenn man in dieser Haltung verharrt: Man arbeitet an einer selbstverwalteten Schule und verweigert sich deren Grundlagen. Das ist so, wie wenn man an einem Wettschwimmen teilnehmen wollte, sich aber gleichzeitig weigerte, Mantel und Schuhe auszuziehen.

Es gibt auch immer wieder Kollegen, die die herrschenden Zustände beklagen, aber zugleich geltend machen, sie könnten doch nichts dafür, denn niemand habe sie darüber aufgeklärt, in welches Anforderungsfeld sie sich mit ihrem Eintritt in die Waldorfschule begaben. – Das wird tatsächlich oft der Fall sein. Hier müsste wohl einmal im großen Stil Abhilfe geschaffen werden. Es kann ja nicht so schwer sein, die wichtigsten Grundlagen der Selbstverwaltung deutlich zu machen, ohne damit zugleich den Anspruch zu erheben, dass jeder sie von Anfang an perfekt beherrscht. Da ist sicher in der Vergangenheit manches versäumt worden. Man war froh, überhaupt den einen oder anderen Lehrer zu bekommen, und wollte ihn nicht mit solch ungewohnten Dingen abschrecken. Doch wenn die Wahrheit dann an den Tag kommt, ist das Erschrecken um so größer. – Schließlich bleibt die Frage, wie man mit der Situation umgeht, wenn eine Anzahl Kollegen sich nicht mit der Selbstverwaltung ihrer Schule identifizieren kann oder will. In meinen Augen hilft da nur eines: Man beschränkt die Teilnahme an der Selbstverwaltung auf diejenigen, die das wirklich wollen und entsprechend handeln. Die anderen geben dann ihren – vielleicht hervorragenden – Unterricht, sind aber im Hinblick auf die Schulführungsfragen weisungsgebunden. Man kann sie ja gelegentlich zur Beratung heranziehen. Das gilt auch für alle diejenigen, die aus anderen Gründen (Erschöpfung, Krankheit usw.) nicht an der Selbstverwaltung teilnehmen. – Im Übrigen ändern sich die Verhältnisse in einem Kollegium erfahrungsgemäß, wenn wenigstens drei Kollegen sich darin einig sind, auf eine Veränderung der Zustände hinzuwirken (und dies natürlich auch offen sagen). Einer allein ist verloren, zwei können etwas bewirken – drei sind in der Regel unschlagbar.

3. Willenslähmung

Nicht selten werden entsprechende Verabredungen getroffen und die Veränderungen in Gang gesetzt – und nach einiger Zeit kehren wie von allein die früheren Zustände zurück. Der Durchhaltewille (die innere Konsequenz) erlahmt. – Dafür gibt es sicher ganz verschiedene Ursachen. Meiner Erfahrung nach liegt oftmals eine von zwei Ursachen vor: Die Erkenntnis dessen, worum es geht und wie man es macht, war nicht gründlich genug. Sie ist nicht zum Impuls geworden. Zu wenige identifizieren sich dann mit der Selbstverwaltung. Die anderen passen sich nur an. – Oder man hat es versäumt, diejenigen, die keinen Sinn für Selbstverwaltung haben und sich an ihr eigentlich nicht beteiligen wollen, von der Teilnahme zu „befreien" (s. o.). Denn deren Lethargie zieht leicht weitere Kreise.

4. Weg zum Gelingen

Kehren wir wieder zurück zu denen, die am Gelingen der kollegialen Selbstverwaltung aktiv arbeiten wollen. Wie können sie sich die dazu notwendigen Fähigkeiten erwerben? Oder anders gefragt: Wie kann der große Berg von Anforderungen, den sie vor sich sehen, zunächst einmal in mehrere kleinere Erhebungen portioniert werden? Dieser Bemühung dient dasjenige, was wir „Dialog" nennen und dessen Prinzipien bereits vorgestellt wurden. Im folgenden Kapitel geht es ins Einzelne.

> Je mehr man scheitert,
> desto mehr erreicht man.
>
> Giacometti[57]

---

[57] Alberto Giacometti in seinem Atelier auf einem in Wien am 20.4.1996 gesehenen Video.

Der Einzelne in der Zusammenarbeit: die dialogischen Prozesse

Die vier dialogischen Prozesse vertiefen die am Ende des vorigen Kapitels erwähnten Blickrichtungen. Sie beschreiben, wie daraus eine soziale Interaktion wird. Sie sind Aufmerksamkeits- und Gestaltungsbemühungen, jedoch keine Strukturvorgaben und keine Verfahrensmuster. Eine dialogische Kultur kann unabhängig von der Struktur der jeweiligen Schule gelebt werden. Strukturen können dann *Ergebnis* der Arbeit mit diesen Prozessen sein, sind aber nicht *Vorgabe* für diese.

1. Individuelle Begegnung

Individuelle Begegnung macht das Verhältnis von Individualität zu Individualität bewusst. In den Anforderungen des Alltags gibt man sich oftmals damit zufrieden, sich nur zu *„den* anderen" als Gruppe in Beziehung zu denken. Dann von „Gemeinschaft" zu sprechen, bleibt jedoch abstrakt. Denn wir haben es auch in der „Gemeinschaft" mit lauter einzelnen Individuen zu tun. Der Weg vom Ich zum Wir geht über das Du. Was kann getan werden, um den anderen Menschen als Du, als Individualität zu würdigen? Hier gibt es mehrere mögliche Ebenen:

- **Interesse**
  Wann habe ich mich zuletzt für einen anderen Menschen interessiert? Weshalb hat er mich interessiert? Weil er mir sympathisch war oder weil ich hoffte, von ihm profitieren zu können? Dann war es nicht die Art von Interesse, die zur „individuellen Begegnung" gehört. Stehen Gefallen oder Nutzen im Vordergrund, so richtet sich mein Interesse in Wirklichkeit gar nicht auf den anderen Menschen, sondern auf mich selbst. Ich kann meine innere Haltung aber auch umwenden: Wie steht es mit dem anderen? – Ich veranlasse mich dazu, den anderen wirklich wahrnehmen zu wollen. Das ist gar nicht so

einfach. Ich muss meine Vorurteile zum Schweigen bringen und meine Maßstäbe, mit denen ich andere Menschen einzuordnen pflege. Alles, was man messen oder vergleichen kann, ist nicht im strengen Sinne individuell. Das Individuum ist per se einzigartig.

Interesse am anderen Menschen aufzubringen, ist um so schwieriger (aber auch um so lohnender), je weniger sympathisch mir der andere ist. Die Kollegen habe ich mir jedenfalls selten ausgesucht, die Schüler und Eltern genauso wenig. Ich habe es ständig mit Leuten zu tun, die ich einfach vorfinde. Es hat keinen Sinn, sie sich *anders* zu wünschen als sie sind. Gelingt es mir, sie unabhängig von meiner Sympathie oder Antipathie als Individualitäten ernst zu nehmen? Ein erster Schritt dazu ist, dass ich mich dafür interessiere, was sie denken, fühlen und tun. Diese Frage lohnt gerade dann, wenn ich die von ihnen geäußerten Ansichten für fragwürdig halte. Normalerweise versuche ich dann, meine eigene, „richtige" Ansicht zur Geltung zu bringen. Ich kann aber daneben oder stattdessen auch noch etwas anderes tun: mich dafür interessieren, was der andere eigentlich denkt. Habe ich ihn überhaupt richtig verstanden? Oder höre ich etwas heraus, das er gar nicht meint? Höre ich etwas, das ich ihm von mir aus entgegentrage, vielleicht auf Grund von Vorurteilen? Höre ich mein eigenes Echo und gar nicht den anderen? Kann ich überhaupt richtig zuhören? Die Notwendigkeit einer solchen Kultur des Interesses tritt uns ohne weiteres vor Augen, wenn sie einmal nicht gelingt: wenn ich dem anderen nicht unvoreingenommen gegenübertreten kann, wenn mein Unverständnis das vom anderen Gemeinte überwältigt. Dann nimmt das Gespräch neurotische Züge an. Der „Hörer" ordnet jeden Satz des Sprechers in sein eigenes Vorstellungssystem ein, ohne auf *dessen* Kontext zu achten. Der Hörer hört, was *er* hört – aber nicht, was der andere gemeint hat. – Besonders häufig tritt dieses Problem auf, wenn der Hörer „Absichten" des Sprechers vermutet, die dieser gar nicht gehabt hat. Das kommt so häufig vor, dass man aus solchen Missverständnissen eine eigene Systematik machen und von einem „Clash der Kontexte" sprechen kann.[58] Von ähnlicher Bedeutung für das soziale Leben ist das Interesse am Gefühl des anderen Men-

---

[58] W. Isaacs, 2002, S. 170f.

schen. Vielleicht erregt das, was ich zu ihm spreche, in ihm Gefühle, mit denen ich gar nicht gerechnet hatte, die aus seiner emotionalen Disposition kommen. Da hat es keinen Sinn, sie zu ignorieren oder für „unberechtigt" zu erklären. Sondern zunächst muss ich mich einmal dafür interessieren, was in dem anderen überhaupt vorgeht. – Ähnlich ist es mit dem Handeln. Wie oft sind wir geneigt, die Handlungen eines anderen Menschen zu beurteilen, noch bevor wir sie überhaupt richtig wahrgenommen haben. Wie handelt der andere wirklich? Sehe ich etwas in seiner Handlung, was gar nicht darin liegt, das ich mir nur eingebildet habe? Wieviele Missverständnisse entstehen daraus, dass man das Denken, Fühlen und Handeln des anderen nicht ernst nimmt, sondern mit den eigenen Vorstellungen vermischt!

- **Verstehen**
Ein nächster Schritt wäre dann, dass ich nicht nur mein Interesse wie von außen auf den anderen richte, sondern versuche, mich in ihn hineinzuversetzen und mit seinen Augen in die Welt zu sehen. „Die „Welt": das kann z. B. die Situation sein, in der wir gemeinsam stehen; oder die ganze Schule, in der wir tätig sind. Das kann schließlich sogar bedeuten, dass ich versuche, mich selbst mit den Augen des anderen zu sehen. Alles das erfordert eine Umwendung meines eigenen Blicks um 180 Grad. Aber schon diese Blickwendung kann bedeutende Auswirkungen im Sozialen haben.

> *Ich bemerke vielleicht, dass ein anderer auf mich aggressiv reagiert. Bei anderen Menschen tut er das nicht. Normalerweise rege ich mich auf über seine streitbaren oder übertriebenen Reaktionen. Ich kann aber (außerdem) auch die Frage stellen: Habe ich vielleicht – unabsichtlich – dazu beigetragen, dass der andere sich so verhält? Die Erfahrung lehrt, dass man hier in vielen Fällen fündig wird.*

Diese Blickwendung ist im sozialen Leben von großer Bedeutung. Sie führt zu einer Erweiterung meines Horizonts. Ich werde auf Aspekte der Wirklichkeit aufmerksam, die ich sonst nicht kennenlernen könnte. Ich lerne dabei auch viel über mich selbst. Das alles entginge mir, wenn ich diese Blickwendung nicht vollzöge. „Lernen ist Umwendung des Blicks" – das hat schon Platon hervorgehoben. Leider hat er sich damit in der öffentlichen Pädagogik bis heute nicht durchsetzen können. Dort ist „Lernen" immer noch Abfüllung mit Wissen und das regelmäßige Nachmessen der Füllmenge: Fakten lernen statt Wirklichkeit erfahren. – Auch im Sozialen ist diese Blickwendung keineswegs üblich. Aber man kommt nicht ohne sie aus. Ein Verhältnis zu einem anderen Menschen kann ich nur herstellen, wenn ich mich geistig auf ihn einlasse. Und ich selbst gewinne unendlich viel dabei: durch Horizonterweiterung und Selbsterkenntnis.

Im Unterschied zur ersten Ebene der Begegnung, dem „Interesse", geht es beim „Verstehen" nicht nur um die Frage, *was* der andere denkt, fühlt und will, sondern: *warum* er dies tut. Es geht um Gründung und Quelle seines Denkens, Fühlens und Wollens. Die kann ich natürlich nicht aus mir gewinnen, sondern nur aus ihm selbst.

Hier wird oftmals eingewendet: Das mag ja alles richtig sein, aber im Alltag bleibt dafür doch keine Zeit! – Bei näherem Hinsehen zeigt sich jedoch, dass dieser Einwand nicht zutrifft. Wer einmal Revue passieren lässt, wieviele Stunden des Tages und der Woche er damit verbringt, Missverständnisse auszuräumen, Krisensitzungen abzuhalten, Konfliktsituationen zu entspannen – der kann sich leicht klarmachen, wieviel Zeit er sparen würde, wenn er sich gleich so verhielte, dass Missverständnisse und Konflikte gar nicht erst entstehen. Da investiert man zwar Zeit an einer Stelle, die man vorher nicht beachtet hatte – dafür aber gewinnt man viel Zeit an anderen Stellen.

Die Notwendigkeit des Verstehens im Sozialen kann man sich auch auf andere Weise klarmachen: Wenn, wie so häufig, ein Mediator gebraucht wird, um irgendeine ausweglos erscheinende Situation zu lösen, dann ist es eine seiner ersten Aufgaben, die beiden Konfliktparteien – vielleicht zunächst in getrennten Gesprächen – dazu zu bringen, den Konflikt durch die Augen des je anderen zu betrachten. Das bedeutet ja nicht, dass sie zur Meinung des anderen überlaufen müssten. Aber sie müssen es wenigstens dahin bringen, die Handlungsweise des anderen aus *dessen* Blickwinkel heraus zu verstehen. Gelingt dies nicht, so hat der Konfliktmoderator keine Chancen mehr. Er muss seine Tätigkeit beenden. Er könnte höchstens noch versuchen, Kompromisse auszuhandeln. Aber die dienen ja nicht wirklich einer Konfliktlösung. – Den anderen zu verstehen, d. h. zu versuchen, durch die Augen des anderen zu sehen, gehört also längst zur professionellen Lösungsstrategie. Das erfordert viel Zeit, Geld und Lebenskraft. Warum sollte es da abwegig sein, Zeit zu investieren, bevor die Probleme entstehen?

Welche sozialen Auswirkungen von dem „Verstehen" ausgehen, kann man sich an folgendem Vorfall klarmachen: Ein Kollege ist mit vielem nicht einverstanden, was in der Schule geschieht. Darin ist er sich mit anderen einig. Als sich trotz seiner Interventionen wenig ändert, beschließt er, seine Einwände immer sofort und deutlich auszusprechen. Das bewirkt, dass andere, die ursprünglich seine Ansicht teilten, sich allmählich zurückziehen. Schließlich steht er alleine da. Je einsamer er wird, desto geringer werden seine Chancen, wirklich Veränderung bewirken zu können. Um so grundsätzlicher wird allmählich seine Kritik am ganzen Kollegium und um so nachhaltiger sinkt sein Vertrauen in die Gemeinschaft. Er ist isoliert. Er wird zum Ärgernis – vielleicht nur deshalb, weil er ausspricht, was andere sich nicht mehr zu sagen trauen. Er stört den auf Wegsehen beruhenden Frieden der anderen. Bald beginnen erste Formen des Mobbings gegen ihn. Allmählich gerät in Vergessenheit, worum es dem Kollegen eigentlich geht. Er war ursprünglich eine feste Stütze des Kollegiums. Und sein Widerstand ist – das könnten alle sehen – nicht durch Eigeninteressen genährt, sondern davon, dass er gewisse Mindeststandards im Schulorganismus aufrecht erhalten wissen will. – Hier ist die soziale Bedeutung der „Begegnung" und des Verstehens mit Händen zu greifen. Hätte man, bevor man ihn verurteilte, die Frage gestellt, was ihn eigentlich in seiner Handlungsweise leitet, so hätte ihn mancher andere wohl auch „verstehen" können. Aber man stellt offenbar diese Frage nicht, sondern ergeht sich in Verdächtigungen. Und wenn er von sich aus etwas erklären will, hört man nicht zu. Auf den sachlichen Gehalt seiner Kritik wird überhaupt nicht eingegangen. Schließlich stellt er seine Erklärungsversuche ein. Er ist „abgestempelt", und aus dieser Ecke kommt man bekanntlich schwer heraus. Abhilfe wäre im Kollegium leicht zu finden durch seine früheren Freunde; die sind aber inzwischen auf Distanz gegangen. Man macht sich nicht mehr die Mühe, ihn wenigstens „menschlich zu verstehen".

Warum das Verstehen hier so radikal misslungen ist, ist nicht leicht zu beantworten. Vielleicht spielt die Furcht eine Rolle, man müsste ihm Recht geben, wenn man seine Motive zur Geltung kommen ließe. Und das wäre innerhalb des gegebenen kollegialen Zustands mit einiger Anstrengung verbunden, erforderte Zivilcourage. So aber wird der Kol-

> lege, der zunächst als Einziger diese Zivilcourage aufbrachte, zum Querulanten abgestempelt. – Eine gewisse Tragik in diesem Geschehen liegt auch darin, dass irgendwelche bösen Absichten auf keiner Seite im Spiel gewesen zu sein scheinen. Aber es wurden im Lauf der Zeit immer neue Fehler gemacht. Möglicherweise ist hier etwas wirksam geworden, was man auch den „kompensatorischen Rückkoppelungseffekt" nennt: „Gut gemeinte Absichten lösen Reaktionen im System aus, die die Vorteile der Intervention zunichte machen. [...] Je mehr man sich ins Zeug legt, um das System zu ändern, desto größer werden die Widerstände; je mehr man sich bemüht, die Lage zu verbessern, desto schlimmer wird sie."[59] – Dieser kompensatorische Rückkoppelungseffekt droht besonders dann, wenn es nicht gelingt, zu einem „Verstehen" im Sinne der individuellen Begegnung zu kommen.

Es kommt nicht nur darauf an, *was* der andere tut, sondern es geht auch darum, *warum* er das tut, was er tut. Die Handlung eines anderen zu beurteilen, ohne seine Motive zu kennen, wäre abwegig. Das ist ja sogar im Strafrecht bekannt: Wenn jemand einen anderen umgebracht hat, dann reicht die Motivpalette von Notwehr bis zu vorsätzlichem Mord aus niederen Beweggründen. Und beurteilt wird die Tat in der Bandbreite von Freispruch bis Sicherheitsverwahrung. Was in der Rechtsprechung längst anerkannt ist, gilt aber auch für das tägliche soziale Leben. Mancher verteilt Wohltaten, aber aus egoistischen Motiven. Die ihm entgegenkommende Dankbarkeit war vorauskalkuliert. Andere tun Dinge, die als Zumutungen erlebt werden. Aber auch hier kommt es auf das Motiv an. Wirft jemand beispielsweise die Frage nach der Höhe der Lehrereinkommen auf, weil er sich vom Ausgang der Debatte eine Gehaltserhöhung verspricht, oder weil er etwas geordnet wissen will, was immer wieder zu Unklarheiten zwischen Eltern und Lehrern führt? – Natürlich geht es hier darum, das tatsächliche Motiv des anderen zu verstehen, und nicht ein von mir vermutetes. „Verstehen" ist eine anspruchsvolle Bemühung, ohne die man aber – im besten Falle – reibungslos aneinander vorbei funktioniert. Der scheinbar erhöhte Zeitaufwand wird an anderer Stelle ohne weiteres eingespart. Die Hauptsache ist: Es geht nicht um eine bestimmte Verfahrensweise, sondern darum, sich eine andere innere

---

[59] P. M. Senge, 2001, S. 76

Haltung anzuerziehen. Die kann man nicht simulieren, man muss sie wirklich wollen, sonst hat das Ganze keinen Sinn.

- **Fördern**

  Wer in dieser Weise auf den anderen Menschen eingeht, dem kann noch etwas Weiteres auffallen. Ist der andere Mensch, so wie er vor mir steht, eigentlich schon ganz er selbst? Gewöhnlich definieren wir das Wesen des anderen aus seiner Vergangenheit (wie er aufgewachsen ist, was er gelernt hat) und aus dem gegenwärtigen Zustand seiner Kenntnisse, seines Charakters usw. Wenn ich weiß, dass jemand sich aus armen Verhältnissen heraus seine Ausbildung selbst erkämpft hat, dass er viele Jahre lang jede freie Minute dazu verwandt hat, eine Sprache oder ein Musikinstrument zu lernen: dann werde ich es leichter verstehen, wenn er auf die Vergeudung von Bildungspotentialen in der Wohlstandsgesellschaft allergisch reagiert. Seelische und soziale Prägungen in der Kindheits- und Jugendzeit können nicht so leicht mit der eigenen Ich-Kraft durchdrungen werden und wirken nach. Die große Fülle solcher Einflussfaktoren auf die Persönlichkeit des Menschen ist heute bekannt und sollte nicht übersehen werden. Aber an dieser Stelle ist noch ein anderer Blick gemeint. Gehört nicht zu jedem einzelnen Menschen außer der Vergangenheit auch seine Zukunft dazu? Sind wir nicht alle auf dem Weg? Ist nicht vielleicht unser gegenwärtiger Zustand immer nur ein Übergang von der Vergangenheit in die Zukunft? Statt also nur zu fragen, wie ich den anderen in seiner Gewordenheit verstehen kann, könnte ich auch einmal fragen: Wie wirkt sein künftiger Entwicklungsweg in den gegenwärtigen Zustand hinein? Hat er sich vielleicht – bewusst oder weniger bewusst – etwas vorgenommen, das er noch nicht erreicht hat, das aber sein gegenwärtiges Verhalten mit bestimmt, z. B. seine innere Unruhe oder seine kritische Grundhaltung?

Heranwachsenden gegenüber ist diese Einstellung ganz selbstverständlich. Eltern, Verwandte, Freunde, Lehrer und Vorgesetzte sind um ihre Weiterentwicklung bemüht. Sie sind von Entwicklungshelfern umstellt. Kommt man dann über das 20. Lebensjahr hinaus, hört das langsam auf. Meine Entwicklung geht nur noch dann weiter, wenn ich sie selbst will und betreibe. Sonst kommt es leicht zu einer Stagnation (quarterlife crisis). Dass ich ein „Werdender" bin, ist nach außen hin dann weniger offensichtlich als in der Jugendzeit. Um so wichtiger ist es, diese Qualität im sozialen Leben nicht aus dem Auge zu verlieren. – Sehe ich in der fetten Raupe auf dem Brennesselblatt nichts als diese Raupe, so stellt sich für mich die Situation ganz anders dar, als wenn ich in ihr den künftigen Schmetterling, das Pfauenauge, erblicke.

Gelingt es, den anderen als „werdenden Menschen" zu verstehen? Ein werdender Mensch ist derjenige, der an seiner Zukunft arbeitet. In der individuellen Begegnung können wir uns gegenseitig in unserem Werden fördern. Wir rufen den Werde-Willen des anderen hervor. Jeder kann sich ja nur selbst auf seinen Weg machen. „Die zur Wahrheit wandern, / wandern allein, / keiner kann dem andern / Wegbruder sein", dichtete Christian Morgenstern.[60] Wir können uns aber gegenseitig durch die Art unseres Umgangs dazu ermuntern, „Werdende" zu bleiben. Schon deshalb muss individuelle Begegnung immer wieder neu stattfinden. Sonst steckt man die anderen Menschen jedes Mal in dieselbe Schublade. Das hat George Bernhard Shaw unnachahmlich zum Ausdruck gebracht:

„Der einzige Mensch, der sich vernünftig verhielt, war mein Schneider. Er nahm jedesmal neu Maß, wenn er mich sah, während all die anderen bei den alten Maßen blieben und voraussetzten, daß sie zu mir paßten."[61]

Bei dieser Bemühung ist es besonders hilfreich, wenn ich mich für den anderen Menschen ohne bestimmte Erwartung interessiere und ihn ohne Vorurteile zu verstehen suche; wenn es mir gelingt, das Andersartige des anderen nicht als Störung meiner Ordnung, sondern als Anregung zu empfinden. – Lebt die Bemühung um den werdenden Menschen in einem Kollegium, so ändert sich das Sozialverhalten grundlegend: Niemand wird mehr irgendwohin „definiert" („Herr X. ist eben ein Querkopf"). Und der Einzelne wird nicht unter den Druck vorgefertigter Erwartungen gesetzt („Wie er bisher gehandelt hat, so

---

[60] Ch. Morgenstern, 1992, S. 207
[61] G. B. Shaw, 1903.

wird er auch weiter handeln"). Beides sind ja Haltungen, die oftmals unbemerkt in einer Gemeinschaft leben und diese in sehr folgenreicher Weise prägen. – Aus dem „Verstehen" des anderen ist eine weiterreichende seelische Haltung geworden: eine Teilnahme an der Angst und Einsamkeit des anderen, ein Mittragen seiner Situation und ggf. aktive Hilfeleistung. Einsicht hat sich in Liebe verwandelt.

- **Achten**
  Lerne ich, die Welt mit den Augen des anderen zu sehen, und sehe ich im anderen den werdenden Menschen, so erschließt sich mir allmählich die geistige Natur der menschlichen Individualität. Das ist keine Frage der Lehre oder des Glaubens. Der geistige Charakter der Individualität wird evident, wenn ich der Begegnung mit dem anderen Menschen erhöhte Aufmerksamkeit entgegenbringe, wenn ich ihn als den „Träger seiner Originalität" entdecke. Dann bemerke ich auch: „Jeder Mensch hat uns etwas zu sagen."[62] Meine Berührung mit dem anderen gleicht dann nicht einem „kalt staunenden Besuch".[63] Individuelle Begegnung endet nicht bei definierbaren Ergebnissen, sondern bei Geheimnissen: dem Rätsel der Individualität, dem Geheimnis des werdenden Menschen, dem Rätsel der Schicksals-Begegnung. Gerade im Geheimnis und im Rätsel liegt die Ich-erweiternde Kraft des Verstehens. Ihre Erzeugung liegt in der Frage; dem anderen Menschen gegenüber letztlich in der Parzival-Frage nach der Schicksalssituation der anderen. Das ist „der Schritt von der vorgegebenen Handlungsweise zum Handeln aus der Kompetenz des freien Ich"[64]. Dann kann die Würde des Menschen in der Gemeinschaft leben.

Die Folgen für das Soziale sind bedeutend: Ich nehme den anderen Menschen wie er ist und versuche, das Beste daraus zu machen. Auf der anderen Seite versuche ich, mich selbst *nicht* so zu belassen wie ich bin, sondern Besseres aus mir zu machen. Am Anfang des

---

[62] R. Steiner, 30.3.1905, S. 312
[63] J. W. Goethe, *Faust I*, Vers 3217 über die übliche Haltung gegenüber der Natur.
[64] H. Zimmermann, 1991, S. 80

Begegnungsprozesses kenne ich den anderen nicht hinreichend und mich selbst vielleicht auch nicht. Im Laufe dieses Prozesses wachsen beide Seiten dieses „Kennens". Üblicherweise ist das Verhältnis umgekehrt: ich begegne mir selbst mit grenzenlosem Verständnis, dem anderen gegenüber jedoch in kritischer Distanz.

Blickt man gelegentlich zurück auf die sozialen Verhältnisse, in denen man lebt, z. B. in einem Schulorganismus, in einem Kollegium usw.: Wie oft wünschte man sich da den einen oder anderen anders oder auch ganz weg! Das Leben wäre viel leichter, wenn Herr X sich etwas anders verhalten würde, oder wenn es möglich wäre, Frau Y an eine andere Schule wegzuloben. – Solche Gedanken sind aber eigentlich nur der Ausdruck von Hilflosigkeit. Denn selbst wenn es einmal gelänge, jemanden wegen sozialer Unverträglichkeit vom Platz zu vertreiben, träte sofort ein anderer in seine Fußstapfen. Wir müssen uns vielmehr von vornherein klar werden: Wenn wir mit anderen Menschen zusammenarbeiten und zusammenleben wollen, können wir nicht davon ausgehen, dass wir uns alle gegenseitig mögen. Vorhandene Antipathien zu bedauern, wäre nur Ausdruck von illusionärer Lebenshaltung. Auf der Ebene des geistigen Impulses (s. o.) kann man sich trotzdem treffen.

Begegnung mit anderen Menschen wird heute vielfach gesucht, viel stärker als etwa vor dreißig Jahren. Aber es kommt darauf an, dabei die richtige Ebene zu treffen. Will ich mich nur „wohlfühlen" in der Gruppe, die Last meiner Eigenständigkeit abwerfen, die Klippen meiner Persönlichkeit umschiffen? Oder suche ich ein *geistiges* Verhältnis zu dem anderen Menschen? Will ich erreichen, dass wir uns als Individualitäten begegnen? Dann kann ich den anderen nehmen, wie er *sich gibt* (Interesse), ich kann ihn nehmen, wie er *sein will* (Verstehen), und ihm dabei helfen, so zu sein, wie er sein *kann* (Fördern); schließlich sehe ich ihn, wie er *wirklich ist* (Achten). – Individuelle Begegnung ist ein Weg zum geistigen Wesen des anderen Menschen. Als Weg will sie gegangen sein – und jede erreichte Etappe dieses Weges ist ein Gewinn.

Alles wirkliche Leben ist Begegnung.
Martin Buber[65]

---

[65] M. Buber, 1929

*

Individuelle Begegnung erfordert eine hohe Bewusstheit. Sonst kann sie unvermerkt in ihr Gegenteil abgleiten. Wir sagten einleitend: Der Weg vom Ich zum Wir geht über das Du. Wie sähe denn ein Wir ohne Du aus? – Man nennt ein solches Verhältnis „*totalitär*". Hier steht nicht das Individuum im Mittelpunkt, sondern das Kollektiv (Rolle, Gruppenzugehörigkeit, Persönlichkeitsmerkmale), hier will ich nicht den anderen verstehen, sondern ihm „unseren" Stempel aufdrücken, hier will ich nicht die Entwicklung des werdenden Menschen fördern, sondern die Entwicklung des anderen blockieren oder in vorgegebene Richtungen kanalisieren. Und ich achte nicht den anderen als geistiges Wesen, sondern versuche, ihn für meine Zwecke zu instrumentalisieren. – „Die Partei hat immer recht" und „Du bist nichts, dein Volk ist alles" waren die historischen Ausformungen des „Wir ohne Du", des Totalitären, im 20. Jahrhundert. Aber natürlich können uns ähnliche Entgleisungen auch heute jederzeit passieren.

Es gibt auch ein Abgleiten nach der anderen Seite hin, zum Ich ohne Du. Dabei entsteht *Isolation*. Ich beziehe alles auf mich selbst, ich lege eigene Urteilsmaßstäbe an, ich fördere nicht die Fähigkeiten des anderen, sondern lege den Finger auf seine Begrenzungen und Mängel. Statt den anderen als geistiges Wesen zu achten, fordere ich ständig von meiner Umgebung, dass sie Verständnis für mein eigenes Handeln aufbringt. So entsteht eine Kultur der Abfälligkeit und des wechselseitigen Desinteresses.

Individuelle Begegnung (Ich und Du) als Keimzelle der Gemeinschaft (Wir) ist eine aktuelle und anspruchsvolle Anforderung. Sie hängt nicht von äußeren Verhältnissen ab, sondern von der eigenen inneren Einstellung. Es hängt vollständig von mir und dir ab, ob individuelle Begegnung gelingt.

2. Transparenz

Bei der Transparenz geht es, wie schon erwähnt, um die Eigenständigkeit des Einzelnen gegenüber der gemeinsamen Wirklichkeit des

Schulorganismus. Auch hier sind verschiedene Ebenen zu unterscheiden:

- **Tatsächlichkeit: Information**
Üblicherweise gruppieren wir die „Welt" um unsere Person herum. Wir geben uns zufrieden damit, wie sie uns erscheint, und wir begnügen uns mit bestimmten Ausschnitten: was uns nützt oder schadet, gefällt oder missfällt. Wir prüfen oftmals gar nicht, ob unsere Vorstellung auf Wahrnehmung beruht oder einfach „ausgedacht" ist. Wenn wir aber im Leben sinnvoll handeln wollen, müssen wir uns dazu erziehen, keine Vorstellung in unserem Bewusstsein zu akzeptieren, die nicht auf exakter Wahrnehmung beruht. In dem Maße, in dem dies gelingt, stellen sich die Dinge oft ganz anders dar. Tatsächlichkeit tritt an die Stelle von Vermutung. Bevor wir uns über einen Vorfall aufregen, sollten wir prüfen, ob er wirklich so geschehen ist.

Durch eine absichtsvolle Verwechslung von Wahrnehmung und Vorstellung lassen sich Witze erzeugen, z. B.:

„Ist das nicht enorm billig: eine Bratwurst mit Kraut für 50 Pfennige?"

„Ja wirklich – wo gibt's denn das?"

„Keine Ahnung. Du musst aber doch zugeben, dass das enorm billig ist!"

Von besonderer Bedeutung ist die Tugend der Tatsächlichkeit beim gemeinschaftlichen Handeln in einem Schulorganismus. Der Einzelne braucht hier seinen eigenen Blick auf das Ganze. Er sieht sich dann nicht mehr im Mittelpunkt des Geschehens, sondern als Glied des Ganzen. Voraussetzung ist, dass die Geschehnisse für den Einzelnen „transparent", d. h. „durchsichtig" werden. Im Sozialen kann nicht jeder alles mit eigenen Augen sehen. Die eigene Wahrnehmung wird ersetzt durch zuverlässige Information. Der erste Schritt ist also: Sind alle informiert? – Das ist oftmals leichter gesagt als getan. Im Alltag des Zusammenlebens wird jedenfalls vielfach dagegen gesündigt.

Der Fachlehrer weiß nicht, dass die Klasse einen Ausflug macht und kommt, wohl vorbereitet, vergeblich. – Ist ein Kollege auf Dauer er-

krankt, machen sich die betroffenen Eltern große Sorgen, wenn sie nicht wissen, dass alles in die Wege geleitet ist, um einen Ersatz zu finden.

Oder auch so etwas: Ich höre immer wieder, was Herr Y über mich sagt. Aber mir selbst sagt er es nicht. Warum sagt er es mir denn nicht? Das ist eigentlich ganz unverständlich: denn ich erfahre es ja doch, und dann meistens mit einem gewissen Nebenton.

Ein Vater opponiert gegen die Art, wie mit einem bestimmten Unterrichtsfach umgegangen wird, weil er das für pädagogisch fragwürdig hält. Es gelingt ihm aber nicht, trotz aller Bemühung, ein Gespräch darüber in Gang zu setzen. Der entsprechende Lehrer weicht aus, ist nicht da, wenn endlich das Gespräch im Kollegium angesetzt ist, so dass es dann doch nicht stattfindet. Ergebnis: Dieser Lehrer, der das Gespräch über die Bedenken des Vaters über viele Jahre hin nicht zugelassen hat, glaubt, so stellt sich schließlich heraus, allen Ernstes, dieser Vater habe etwas gegen das Fach. Das Gespräch hätte schnell geklärt, dass der Vater ein glühender Anhänger dieses Faches ist und sich daher dafür einsetzt), dass er aber negative pädagogische Folgen in der Art sieht, wie es unterrichtet wird; und dass viele andere Mitglieder der Schulgemeinschaft, auch im Kollegium, diese Ansicht teilen. Durch die Art, wie man jahrelang mit diesem Vater umgegangen ist, wird er schließlich ärgerlich und schießt bei einer Gelegenheit etwas schärfer. Jetzt sehen es natürlich alle: Der Herr benimmt sich schlecht, also ist sein Verhalten zu tadeln. Und das Kollegium verteidigt geschlossen einen Kollegen, gegen dessen Pädagogik auch im Kollegium erhebliche Vorbehalte bestehen. – Es gibt nicht nur Informationen, die zurückgehalten werden, sondern auch solche, die niemand hören will.

Man verweigert Transparenz auch deshalb, weil alles, was ein anderer sagen könnte, von vornherein als Vorwurf gilt. Man nimmt persönlich, was sachlich gemeint sein muss. Intransparentes Verhalten entspringt oft einer Schwäche der Persönlichkeit. Und das ist wohl das erste Geheimnis der Transparenz: eine *sachliche* Ebene zu erreichen.

Noch ein Beispiel für die Folgen von Nicht-Information: Eine Fach-Konferenz bespricht etwas, teilt aber die Ergebnisse nicht mit, weder den anderen Kollegen noch den betroffenen Schülern und Eltern, mit der (nachträglichen) Begründung, das sei doch „unsere" Sache, nicht die der anderen. – So etwas sorgt immer wieder für Unmut. Mit Recht, denn Vertrauen zu den Entscheidungen eines Gremiums kann sich nur einstellen, wenn ich diese Entscheidungen erfahre und sie mir erläutert werden. Was aber tritt ein, wenn das nicht der Fall ist? – Was besprochen und entschieden worden ist, erfahre ich ja doch irgendwann. Aber ich kann nicht darauf eingehen, denn ich weiß davon ja nur „inoffiziell". Und ich vermute dann: Die hatten sicher einen Grund, ihre Entscheidung nicht mitzuteilen. Das regt meine Nachforschung erst recht an – und schon brodelt die Gerüchte-Küche. Information hingegen verhindert Emotionalität.

Ein an sich unproblematischer Vorgang bleibt, weil er nicht kommuniziert worden ist, wie ein Gespenst im Raume stehen. Jeder kennt ihn und muss doch so tun, als gebe es ihn nicht. Das hat soziale Folgen. Wer nicht informiert, ist selbst dafür verantwortlich, wenn Gerüchte entstehen. Die Betroffenen sind auf die entsprechenden Mitteilungen angewiesen. Sie tragen unfreiwillig zur Gerüchtebildung bei, weil sie sich natürlich an verschiedenen Stellen erkundigen, um „ganz sicher" zu sein.

Es ist mir schon öfter begegnet, dass ich irgendwo eine Frage gestellt habe mit einer gewissen Mutmaßung: Ist das vielleicht so gewesen? Und wenn ich wenig später einen anderen gefragt habe, dann kam mir meine eigene Mutmaßung von gestern bereits als Tatsachenbehauptung entgegen.

Andererseits kann gelebte Transparenz Kultur-bildend wirken:

Am Treppenaufgang einer Schule, an einer Stelle also, an der fast jeder täglich vorbeigeht, findet sich hinter Glas ein Aushang, der von den Themen und Entschlüssen der jeweils letzten Konferenz berichtet. Es ist kein Protokoll, das ja nur für die unmittelbar Beteiligten voll verständlich wäre, sondern ein kurzer Bericht, der zur Information derjenigen verfasst ist, die nicht dabei waren. Dieser Bericht ist informativ und ausgewogen. Der Aushang wird jede Woche erneuert. – Als ich diesen Aushang „zufällig", d. h. ohne jede Vorbereitung, entdeckte, stellten sich sofort zwei Reaktionen ein: Bewunderung gegenüber den Formulierungen, die es verstanden, mit wenigen Sätzen alle am zentralen Geschehen teilnehmen zu lassen. Und ein starkes Gefühl spontan aufkeimenden Vertrauens in das, was „da oben" im Konferenzzimmer gemacht wird. Ich hatte den Eindruck, dieser Aushang ist nicht einfach nur eine „Information" über einzelne Vorgänge, sondern er prägt allein dadurch, dass er existiert, den Geist der ganzen Schule.

Intransparenz ist ein gravierender Führungsfehler! Sie führt nicht nur dazu, dass Menschen sich nicht ernst genommen fühlen; sie verhindert auch, dass der Einzelne eigenständig im Sinne des Ganzen handeln kann. Und sie hat zur Folge, dass die Schule nicht nur aus Lehrern, Eltern und Schülern besteht, sondern auch noch aus einer ganzen Reihe von sozialen Gespenstern. Mit „Gespenstern" meine ich hier die altenglische Version im Spukschloss. Die Gespenster verschwinden sang- und klanglos bei Tagesanbruch, und das heißt hier: im Lichte der Transparenz. Und damit verschwindet auch einer der häufigsten Anlässe für die Entstehung von Konflikten. – Ein öfter gehörter Einwand gegen eine aktive und großzügige Informationspolitik sei hier noch aufgegriffen: Es gebe doch Dinge, über die man nicht öffentlich reden könne. Zweifellos! Transparenz hat aber nichts zu tun mit Indiskretion. Es gibt im Schulorganismus wie im übrigen Leben Situationen, die nicht „an die große Glocke" zu hängen sind. Dazu gehören z. B. die persönlichen Verhältnisse von Betroffenen. Das erfordert gerade bei „Personalproblemen" ein deutliches Bewusstsein auf allen Seiten. Wenn es beispielsweise zu einer Kündigung kommt (gleichgültig, von welcher Seite), ist es im Arbeitsleben üblich zu vereinbaren, wie sie mitgeteilt wird. Daher liest man oft: „Die Trennung erfolgte in gegenseitigem Einvernehmen". Man versteht diese Formel als etwas, das nicht hinterfragt zu werden braucht. Die Tatsache, dass ein Lehrer zum Schuljahresende die Schule verlässt, sollte frühzeitig und allgemein mitgeteilt werden. Aber die näheren Umstände sind mit der gebotenen Diskretion zu behandeln. Takt und Diskretion sind kein Gegenpart zur Transparenz; sie gehören dazu. In bestimmten Situationen fragt man nicht nach. – Wenn jedoch eine Sprachregelung unter den Beteiligten nicht einvernehmlich getroffen werden kann und verschiedene Versionen kursieren, ist es mit der Diskretion natürlich schwieriger. Man wird dann jeweils das Angemessene situativ finden müssen.

Damit sich die Einzelnen auf einer sachlichen Ebene begegnen können, bedarf es zuerst einer offenen und präzisen Information; dann aber kommt noch Weiteres hinzu:

- **Ganzheit: Kommunikation**
Wie entsteht aus den Einzelwahrnehmungen ein gesättigtes Bild der gemeinsamen Wirklichkeit? Üblich ist z. B. in einem Arbeitskreis oder einer Konferenz, dass jeder versucht, die anderen von seiner Ansicht zu überzeugen: Gespräch als Machtkampf, geprägt von Durchsetzungswillen. Dazu gibt es geeignete Strategien (Rhetorik), und es kann ja sogar Spaß machen. Aber eines ist sicher: Ein umfassendes Bild von der Wirklichkeit entsteht unter diesen Umständen nicht. Man kommt gegebenenfalls zum Handeln, ohne der Wirklichkeit in ihrem vollen Umfang verpflichtet zu sein.

Die erste Ebene der Transparenz war „Tatsächlichkeit". Eine zweite Aufgabe ist es, aus den Einzelwahrnehmungen eine „Ganzheit" entstehen zu lassen. Wie kann das geschehen? – Wir können versuchen, die Vorstellungen der Einzelnen so aufeinander zu beziehen, dass sie ihre „Einzelheit" verlieren. Das geschieht oft schon dadurch, dass wir uns für die Ansicht der anderen aktiv interessieren (statt sie von vornherein zurückzudrängen). Der fremde Standpunkt kann mich ja um so mehr interessieren, je mehr er sich von meinem eigenen unterscheidet. Denn dann besteht die Chance, dass sich meine eigene (begrenzte) Ansicht erweitert und ergänzt. Wer sich immer nur für „Gleichgesinnte" interessiert, hält sein Weltbild beschränkt. Man wird also immer wieder nachfragen, wie es der andere wirklich gemeint hat, und man wird die einzelnen Äußerungen in einen Bezug zueinander setzen.

So können wir die Verschiedenheit der Blickwinkel, die in einem Kollegium vorhanden sind, aktiv nutzen. Wenn man um einen Baum herumgeht, sieht er von jeder Seite anders aus. Und wenn wir sechs Leute um den Baum herum postieren und sie um Beschreibung dessen bitten, was sie sehen, dann kommen sechs verschiedene Beschreibungen heraus. Da käme es niemandem in den Sinn, die Beschreibung eines anderen anzuzweifeln und sie an dem zu messen, was er selbst wahrnimmt. Als vernünftiger Mensch rechne ich damit, dass jeder an seiner Stelle den Baum anders sieht. Im sozialen Leben aber ist das keineswegs selbstverständlich.

Um eine Ganzheit gemeinsam in den Blick zu nehmen, gibt es verschiedene Möglichkeiten:

1. Wir würdigen die Aspekte, die aufgrund der verschiedenen räumlichen Positionen für jeden anders aussehen (wie soeben erwähnt): Jeder Einzelne sieht *objektiv* etwas anderes.
2. Wenn wir statt eines plastischen Gegenstandes (Baum) ein gemaltes Bild gemeinsam ansehen, dann sehen alle *objektiv* so ziemlich dasselbe und trotzdem sieht jeder *subjektiv* etwas anderes. Dem einen fällt dies auf, dem anderen jenes; der eine übersieht diese Einzelheit, weil er sie nicht zu deuten vermag, dem anderen ist jenes besonders wichtig, weil es an Bekanntes anknüpft. Es empfiehlt sich, das einmal gemeinsam auszuprobieren. Man wird überrascht sein, wie unterschiedlich das „Gesehene" bei den Einzelnen ausfällt. Auch in diesem Falle kann man die unterschiedliche Sehweise der Einzelnen nutzen; und man kann versuchen, sich selbst eine umfassende Sehweise anzuerziehen. Auf jeden Fall wird man dankbar sein, dass es andere Menschen gibt, die aufmerksam machen auf Dinge, die man selbst nicht wahrgenommen oder nicht für wichtig gehalten hat. Und wie beim Bildbetrachten, so ist es auch im Leben: eine von mehreren Menschen gemeinsam erlebte Situation wird von den Einzelnen verschieden beschrieben werden. Dazu gibt es berühmte Experimente in einem Hörsaal mit Jurastudenten: Ein inszenierter Un- oder Überfall, dessen Ablauf also ganz genau festliegt, wird von den Anwesenden auf abenteuerliche Weise verschieden wiedergegeben.
3. Um ein Phänomen, einen Vorgang oder eine Situation angemessen wahrzunehmen, lohnt es sich auf jeden Fall, zwischen Fern- und Nahblick hin- und herzuwechseln. Ich betrachte die Einzelheit von weit „oben" her in ihrem Gesamtzusammenhang. Dazu kann aber auch gehören, dass man sich die Sache ganz aus der Nähe anschaut und so Details bemerkt, die sonst unbemerkt blieben. Zwischen ganz nah und ganz fern kann der Blick hin- und hergehen, und man sollte das – gerade in sozialen Zusammenhängen – nicht dem Zufall überlassen.
4. Wer nur ein wenig kritische Selbsterkenntnis betreibt, weiß, dass dasjenige, was er jeweils „sieht", nicht nur von seiner äußeren Position als Betrachter abhängig ist, sondern auch von seinen ei-

genen Vor-Einstellungen: davon, was er für wahr, für wichtig, für möglich hält oder was er erwartet hat.[66] Der geistige Horizont spielt dabei genauso eine Rolle wie die emotionale Ausgangslage. Mein bewusster Umgang mit einem Sachverhalt auf der Suche nach dessen Ganzheit erfordert unversehens einen bewussten Umgang mit mir selbst. Das ist alles andere als selbstverständlich. Naivität wäre ein ernstes Hindernis bei dieser Bemühung.

Für die Gestaltung der Zusammenarbeit haben wir nicht nur mit all diesen Sachverhalten zu rechnen, sondern wir können und müssen sie sogar nutzen: Alles, was in unserem Schulorganismus geschieht, ist so ein „Baum" oder „Bild". Jede Tatsache, jeder Vorgang sieht anders aus, je nachdem, wo der Betrachter steht. Jeder von uns steht woanders. Also nutzen wir doch die Verschiedenheit unserer Situationen und tragen die Aspekte zusammen, die die Einzelnen von der gemeinsamen Sache haben. Statt immer nur an „richtig" oder „falsch" zu denken, nutzen wir die Perspektive der Beteiligten zu einem „perspektivischen Sehen". Jeder sagt, wie er die Sache sieht – dadurch erweitert sich der Horizont jedes Einzelnen ganz beträchtlich. Bei diesem perspektivischen Sehen geht es um eine Beschreibung des Gesehenen, nicht um dessen Beurteilung. Die kommt erst danach. Zunächst geht es darum, den betreffenden Sachverhalt wirklich „umfassend" (im wörtlichen Sinne) wahrzunehmen. Das kann man eigentlich nur leisten, wenn man die Vielfalt der Aspekte bewusst aufsucht. Hätten alle im Kollegium dieselbe Betrachtungsweise (dieser Wunsch ist ja manchmal zu hören), dann wäre die Zusammenarbeit ebenso langweilig wie unfruchtbar. Es käme überhaupt nichts Neues dabei heraus, nicht einmal eine umfassende Erkenntnis der Sachverhalte. Durch perspektivische Blickweisen entsteht allmählich in gemeinsamer Bemühung ein zutreffendes Bild vom „Ganzen".

Und dabei entsteht noch etwas Zweites: Auch die Fähigkeiten der Einzelnen erweitern sich. An die Stelle des gewohnten statischen Wissens (Wissen als Festhalten von Sachverhalten) tritt immer mehr ein „prozessuales" Wissen, ein Wissen, das sich im Laufe der Betrachtung ver-

---

[66] Näheres dazu s. u. „Wege zur Erkenntnisfähigkeit"

ändert und erweitert. Standpunkte sind nur die Inseln der Erkenntnis, auf die ich mich von Zeit zu Zeit zurückziehe – um auszuruhen, sozusagen – und die ich dann möglichst schnell wieder verlasse.

Mit anderen Worten: Wirklichkeit (auch soziale Wirklichkeit) entsteht vor allem dadurch, dass die Einzelnen ihre eigenständigen Blicke auf die Sache ernst nehmen und zusammentragen. Üblich ist bis heute eher das Gegenteil: dass man die Standpunkte der anderen auszuschalten oder zu unterwerfen versucht. Was dabei herauskommt, ist ja zur Genüge bekannt.

Nun kann bis hierhin ein gewisser Vorbehalt bleiben, die so entstandene „Ganzheit" sei doch vielleicht etwas vorläufig. Denn ob diese Ganzheit auch einer Wirklichkeit entspricht, ist noch nicht geprüft. Dazu bedarf es eines weiteren Zugriffs.

- **Suche nach Wahrheit: Erkenntnis**
Information und Kommunikation sind die Außenseite der Transparenz: Ich erfahre, was der Fall ist. Dadurch entsteht so etwas wie „Ehrfurcht vor dem Tatsächlichen" (Nietzsche). Dazu gehört aber noch eine Innenseite: Ich muss in der Lage sein, mit dem, was ich erfahre, angemessen umzugehen. Ich muss *Erkenntnisfähigkeit* erwerben.

Liegt ein Auto neben der Kurve im Graben, so gibt dieser Anblick nur einen kleinen Teil der Wirklichkeit wieder. Zur ganzen Wirklichkeit gehört die Frage nach den Ursachen. Und die können auf sehr verschiedenen Gebieten liegen: zu schnell gefahren im Hinblick auf die Straßenverhältnisse, eine plötzlich glatte Fahrbahn (Ölspur), Übermüdung des Fahrers, Ablenkung durch den Beifahrer – oder auch plötzliche Erkrankung (Herzschlag?) des Fahrers. Oder wurde das Fahrzeug an dieser Stelle von der Verkehrsbehörde in den Graben gelegt zur Abschreckung? – Dem „Ergebnis" sieht man nicht ohne weiteres an, wo die Ursachen liegen. Diese gehören aber zur Wirklichkeit des Unfalls dazu. Es gibt sie mit Sicherheit. Ob man sie auch mit Sicherheit herausfindet, ist eine andere Frage. Die Bemühung darum aber ist Sache dessen, was hier mit „Erkenntnis" gemeint ist. Solange man keine Erkenntnissicherheit hat, hält man sein Urteil zurück.

Ein Erkenntnisurteil hat zwei wichtige Eigenschaften: es ist mein *eigenes* Urteil, das mich nicht abhängig macht von den Urteilen anderer und das von mir selbst verantwortet wird. Außerdem beruht mein Urteil auf Tatsachenwahrnehmung, nicht auf Meinungen, Vorstellungen, Vorurteilen oder Illusionen. Ich muss also zwischen Wahrnehmung und Vorstellung unterscheiden – in unserer Zeit eine nicht sehr weit verbreitete Fähigkeit. Wie oft nehmen wir Meinungen so, als seien sie Tatsachen – und umgekehrt! Martin Walser spricht in dieser Hinsicht vom „Meinungsgestöber".

Es ist sogar üblich geworden, auf seinem persönlichen Recht auf Meinung zu bestehen: „Das ist mein Eindruck, und den kann mir niemand nehmen." Ganz wörtlich genommen ist dagegen nichts einzuwenden. Aber oftmals wird damit ein Anspruch formuliert, der die Botschaft enthält: Die Wirklichkeit interessiert mich nicht! Mich interessiert nur mein Standpunkt! – Man hat sich dadurch für die Erkenntnisbemühung disqualifiziert. Wer sein Recht auf Subjektivität reklamiert, versucht sich gegen Kritik zu immunisieren. Aber damit stellt er sich außerhalb der Erkenntnisgemeinschaft. Das Gleiche gilt, wenn jemand auf seine „Erfahrungen" pocht. Erfahrung ist wichtig. Aber auch die Erfahrung muss sich der Beurteilung unterziehen, sonst wird sie zum Machtanspruch. Erfahrungen sind so etwas wie die Sprossen einer Leiter: sie bieten sicheren Halt im Weitersteigen, sind aber nicht für längeren Aufenthalt geeignet.

Dass ich meine Vorstellung an den Tatsachen prüfe, ist eine Voraussetzung für Erkenntnisfähigkeit. Nicht wie etwas auf mich wirkt, ist das Entscheidende, sondern was wirklich der Fall ist. An die Stelle der Orientierung an mir selbst (Subjektorientierung) tritt die Orientierung an der Wirklichkeit (Sachorientierung).

Nach dem „Hinsehen" kommt das „Durchschauen". Die Tatsachen sind in dem Zusammenhang zu sehen, in dem sie stehen. Eine „Tatsache" für sich allein bedeutet gar nichts. Sie kann nicht einmal interpretiert werden.

Wenn ein Schüler eine mittelmäßige Note erzielt, so kann das ein gewaltiger Erfolg sein, wenn er vorher immer unzureichende Arbeiten geliefert hat. Es kann aber auch eine Katastrophe anzeigen, wenn ihm bis dahin eigentlich alles leicht fiel. Ob es nun wirklich der Anfang einer Katastrophe ist oder ein einmaliger Ausrutscher – auch das kann nur dadurch erfasst werden, dass ich das punktuelle Ereignis in seinen Zusammenhang hineinstelle.

Was geschieht nun aber, wenn die Urteilsbildung nicht gelingt? Dann treten mitgebrachte, meist halbbewusste Deutungsmuster in Kraft: Vorurteile, Ideologien, traditionelle Reflexe. Wenn der Einzelne sich in seinem Denken nicht wach bewegen kann, strebt er unvermerkt nach Anpassung an andere, die er aus seiner Sicht für vertrauenswürdig oder auch einfach für dominierend hält. Anlehnungsbedürftigkeit an Führerpersönlichkeiten, Angstreaktionen u. ä. sind weit verbreitet. Oder man beharrt umgekehrt stur auf undurchschaubaren Standpunkten und hält einen intersubjektiven Konsens schon für Erkenntnis. – Wie oft erweist sich jedoch eine einhellig gebilligte Auffassung hinterher als sachlich unzureichend! Eine friedevolle Einigung kann auch dadurch zustande kommen, dass man die eigentlichen Probleme ausblendet. Wer so vorginge, gliche einem Autofahrer, der für gute Stimmung unter den Insassen des Autos sorgte, aber den Verkehr draußen vernachlässigte – er käme wohl nicht weit. Man könnte hier von einer subjektivistischen „Konsens-Falle" sprechen: Wir sind uns im Kollegium einig, übersehen aber, dass unser Handeln „Außenstehende" wie Eltern und Schüler vor den Kopf stößt. – Wir müssen vielmehr unseren Blick auf die Wirklichkeit richten und an die Stelle von unhinterfragten Einstellungen und fixen Vorstellungen die Suche nach Wahrheit setzen. Es kommt nicht so sehr darauf an, wieviel davon in jedem Augenblick gelingt. Es kommt aber darauf an, dass die Zusammenarbeit durch die Bemühung um Wahrheit geprägt ist. Kollektive Wahrheiten sind ja oftmals gar keine Wahrheiten, sondern beruhen nur auf Übereinstimmung der Interessenlagen.

Die Bedeutung der Wahrheit wird im Schulorganismus spätestens dann klar, wenn die Folgen des eigenen Handelns abzuschätzen und zu gestalten sind. Hier ist die bereits erwähnte unternehmerische Fähigkeit der „Antizipation" gefragt. Sie erfordert eine Erkenntnisleistung. Wenn ich ein Bauwerk plane, muss ich nicht nur die Herstellungskosten kalkulieren, sondern auch die Folgekosten. Das Gebäude muss unterhalten werden, und nach einigen Jahren werden größere Reparaturen anfallen. Wenn ich in einer einzügigen Schule eine Parallelklasse einrichte, darf ich nicht nur nach einem zweiten Klassenlehrer suchen, sondern ich muss mir klarmachen, was es räumlich, organisatorisch und im Hinblick auf die Ressourcen bedeutet, wenn diese Klasse in die Oberstufe kommt (erhöhter Lehrerbedarf durch geteilte Klassen in manchen Fächern, Räume für Naturwissenschaft usw.). Wenn ich von der Sechstagewoche auf eine Fünftagewoche übergehe bei gleicher Zahl der Unterrichtsstunden, muss ich mir u. a. die Folgen für die Belastung der Schulküche klarmachen. Das sind relativ einfache Überlegungen. – Unter zusammenarbeitenden Menschen ist aber auch meine psychologische Urteilsfähigkeit herausgefordert:

Wenn ich mit großem Aufwand eine Reform des Schulprofils betreibe, bei der alle Eltern und Schüler einbezogen sind, und wenn ich deren Ergebnis dann einseitig und ohne hinreichende Erklärung zurücknehme, muss ich mir klarmachen, was ich damit anrichte.

Das gleiche gilt, wenn ich einer ersten Klasse einen Lehrer gebe, von dessen Qualitäten ich nicht vollständig überzeugt bin, und der nach einiger Zeit zurückgezogen werden muss, ohne dass man dann die Gründe deutlich aussprechen kann: Wie das auf die Schüler und die Eltern wirkt, kann man eigentlich schon vorher wissen.

Antizipation ist eine bedeutende unternehmerische Fähigkeit. Sie beruht auf einer Urteilsbildung, die nicht nur die Zusammenhänge und Ursachen eines Geschehens durchschaut, sondern auch die Konsequenzen einbezieht.

Vielleicht ist es sinnvoll, einmal in aller Deutlichkeit die Unterschiede zwischen Meinung und Erkenntnisurteil gegenüberzustellen:

Von der Meinung zur Erkenntnis

Meinung	**Erkenntnisurteil**
Wie ist die Sache *für mich*?	Wie ist die Sache *an sich*?
Mein Standpunkt	Der Sachverhalt
Was habe ich davon?	Was ist wirklich der Fall?
Wie berührt mich das?	Warum ist das so, wie es ist?
Befindlichkeiten	Zusammenhänge/Ursachen
Eindrücke	innere Gesetzmäßigkeiten

Wie haben wir das bisher gemacht?	Wie könnte es noch anders und besser gemacht werden?
Ursprung: Gewohnheit, Tradition, Emotion, Erwartung, Egozentrik (Nutzen/Gefallen), unbewusste Prägung	*Ursprung:* Wahrnehmung und Denken
Recht auf Subjektivität: auf dem eigenen Eindruck bestehen	Verantwortung für die Richtigkeit der Aussage übernehmen
Distanz zu den Standpunkten der anderen Menschen oder Konsens der Interessen	Gemeinsame Welt mit den anderen Menschen unabhängig von der Interessenlage der Einzelnen

- **Wesentlich oder unwesentlich?**
  Die Urteilsbildung im beschriebenen Sinne verträgt keine persönlichen Vorlieben, Interessen oder Wünsche. Bemühung um Wahrheit setzt eine gewisse Selbstlosigkeit voraus. Das ist eine hohe Fähigkeit, aber noch nicht die höchste. – Ich kann mich auf die Dauer nicht von der Wirklichkeit der Schule distanziert halten. Ich bin selbst Glied des Schulganzen. Dieses wirkt auf mich ein (ob ich will oder nicht), und ich gestalte es meinerseits (ob bewusst oder unbewusst). Ich habe mich mit der Sache verbunden, ohne mich in deren Mittelpunkt zu stellen. Dabei spielt implizit hinein, was ich mir nun auch ausdrücklich klar machen kann: Zum *Hinsehen* auf die Tatsachen und zum *Durchschauen* der Zusammenhänge kommt nun noch die *Würdigung* der Wirklichkeit hinzu.

  Ich kann mich z. B. fragen, was denn an der erkannten Wirklichkeit in sachlicher Hinsicht „wesentlich" ist. Das Wesentliche kann niemals bewiesen werden. Was hier auftaucht, ist Evidenz, also ein unmittelbares und untrügliches Wahrheitsgefühl.[67] Evidenz können wir nicht erzwingen. Wenn sie erscheint, dann ist sie da – und wenn nicht, dann müssen wir uns damit zunächst abfinden.

Ich stelle keine geschlossenen Wahrheiten mir selbst gegenüber, sondern ich begebe mich in den Wirklichkeitsprozess hinein. Das führt auf der anderen Seite dazu, dass ich mich mit der so gefundenen Wirklichkeit verbinde, mich in ihr und für sie engagiere. Dafür hat sich seit einiger Zeit der Ausdruck „Commitment" eingebürgert. Gemeint ist letzten Endes so etwas wie Liebe zur Wirklichkeit – und zwar zur Wirklichkeit so, wie sie ist; nicht notwendigerweise zu jedem Detail, aber zum „Wesentlichen". – Wenn daher bemerkbar wird, dass bei einem Kollegen oder Schüler (und dessen Eltern) das innere Engagement für das Schulganze plötzlich nachlässt, ist das ein Alarmzeichen. Was hier vielleicht etwas abgehoben anmutet – die Frage nach dem „Wesentlichen" – ist von großer Bedeutung für das Leben einer Schule. Unterbleibt sie, so verlieren wir uns entweder in der Unbegrenztheit der vielen möglichen Erkenntnisfragen, oder wir fallen, da wir ohne Orientierung doch nicht auskommen können, in subjektive Standpunkte zurück. Die tägliche Zusammenarbeit in einem Schulorganismus ist nicht zu leisten, wenn nicht die Kategorie „Wesentlich" und „Unwesentlich" ständig anwesend ist. Das gilt schon für das Konferenzgespräch, wie die im Kapitel „Moderation" erwähnte „Beispielfalle" zeigt. Auch einem Gesprächsziel gegenüber gibt es ein Wesentlich oder Unwesentlich, und wer ein Gespräch sinnvoll führen will, der muss sich ein Gefühl dafür erwerben. Sonst geht es ihm wie Mark Twain: „Als wir das Ziel endgültig aus dem Auge verloren hatten, verdoppelten wir unsere Anstrengungen."

Die vier Stufen des Transparenzprozesses können zusammengefasst werden in Form von Orientierungsfragen:

1. Was ist der Fall? (Tatsächlichkeit)
2. Ist mein Blick umfassend genug? (Ganzheit)

---

[67] Näheres bei K.-M. Dietz, 2005

3. In welchem Zusammenhang steht die einzelne Tatsache? (Wirklichkeit)
4. Worauf kommt es an? (Das Wesentliche)

*

Wie bei der individuellen Beobachtung so gibt es auch bei der Transparenz Abirrungen ins Gegenteil. Das ist z. B. dann der Fall, wenn so informiert und kommuniziert wird, dass dabei die Fakten manipuliert werden, so dass der Empfänger einen bestimmten Eindruck vom Sachverhalt gewinnen soll. Was wie „Information" aussieht, dient dann der *Instrumentalisierung* des anderen. Das ist auch dann der Fall, wenn im Gewande eines abgewogenen Urteils in Wirklichkeit Vorurteile, fixe Vorstellungen und ähnliches auftreten, geschickt durch scheinbare Objektivität kaschiert. Es ist der Fall, wenn an die Stelle von perspektivischem Sehen, das zur Wirklichkeit führt, Täuschung oder Lüge eingesetzt werden, und auch dann, wenn von „oben" vorgegeben wird, worauf es ankommt.

Nach der anderen Seite ist die Abirrung ins Gegenteil dann erkennbar, wenn Information phrasenhaft, d. h. inhaltslos verläuft. Oft handelt es sich dabei um *Emotionalisierung*, wie es sich oben um Instrumentalisierung gehandelt hat. Das ist z. B. dann der Fall, wenn entweder ideologische Vorgaben oder Beliebigkeit die Bemühung um ein eigenständiges Urteil ersetzen oder wenn Illusionen an die Stelle der Aspekte treten. Und schließlich kann es geschehen, dass Unterscheidungslosigkeit (Naivität) das Wesentliche vernebelt.

Gefährdet ist die hier gemeinte Transparenz immer wieder durch zwei „Drachen", die man in Anlehnung an Lex Bos[68] als „Prinzipiendrache" und als „Befindlichkeitsdrache" bezeichnen könnte. Der Prinzipiendrache ist geneigt, jeden konkreten Vorfall ins große Allgemeine zu erheben. Dabei werden dann oft anstelle konkreter Problemlösung allgemeine

---

[68] L. Bos, 1992

Prinzipien formuliert, obgleich sie außerhalb des konkreten Falls kaum Relevanz haben. – Der Befindlichkeitsdrache verstärkt die Neigung, alles, was mit der Wirklichkeit um mich herum zu tun hat, auf mich selbst zu beziehen und meiner Neigung zur Selbstverwirklichung zu unterwerfen.

Ein amüsanter, jedoch nicht im Schulzusammenhang erlebter Vorfall zeigt, wie der eine Drache auch einmal im Gewande des anderen auftreten kann.

Bei einer großen Tagung waren wir gebeten worden, ein Forschungsprojekt unseres Instituts vorzustellen. Angekündigt war „Projektvorstellung mit Aussprache". Wir fingen also an mit der Vorstellung. Nach weniger als der halben Zeit meldete sich ein jüngerer Mann ganz empört, es sei doch Aussprache angekündigt und man werde hier nur zugelabert. Wir erläuterten ihm freundlich, dass wir mit der Aussprache nach der Hälfte der Zeit beginnen wollten (dies aber leider am Anfang nicht gesagt hatten); wir unterbrachen aber sofort die Vorstellung und baten ihn, seinen Beitrag oder seine Frage zu äußern. Da reagierte er ganz verwirrt: Er habe eigentlich gar nichts sagen wollen ...; er sagte dann auch nichts mehr und verließ nach kurzer Zeit den Raum. Es ging ihm nur ums Prinzip.

Ein anderer Vorfall ereignete sich ebenfalls nicht im Schulzusammenhang: Nach einem einleitenden Vortrag folgte eine Pause. Danach war eine längere Aussprache angesetzt. Einer der Teilnehmer bestand in der Pause nachdrücklich darauf, dass für die Aussprache die Stühle im Kreis herumgestellt würden. Sonst sei keine Gesprächsatmosphäre herzustellen. Unter Beteiligung einiger Anwesender wurde das dann auch bewerkstelligt (der Raum war ziemlich groß). Was geschah aber nach der Pause? – Eben derselbe Mensch meldete sich als erster und hielt eine Ansprache von 15 Minuten.

*

Transparenz ermöglicht den Blick auf eine umfassende Wirklichkeit. Es sei zum Schluss noch einmal hervorgehoben, dass diese keineswegs nur das interne Geschehen der Schule umfasst. Die im Prozess der Transparenz geforderten und geübten Fähigkeiten schärfen auch den Blick nach außen: Kennen wir das gesellschaftliche Umfeld unserer Schule? Kennen wir die gesellschaftlich vorgegebenen Rahmenbedingungen und Freiräume? Sind wir mit unserem Schulgeschehen auf der Höhe der Zeit? Vermitteln wir den Schülern ein Verhältnis zur Zeitlage und unterstützen wir sie bei ihrer Orientierungssuche? Nutzen wir die in der Elternschaft vorhandenen Ressourcen im Hinblick auf die soziale Wirklichkeit? Kennen wir die aktuelle pädagogische Diskussion wenigstens in Umrissen und können unsere eigenen Anliegen verorten? Welche unserer pädagogischen Maßnahmen gibt es (inzwischen) auch woanders? Wo finden wir Anregungen für uns selbst?

Im Hinblick auf den sozialen Umgang festigen die Fähigkeiten der Transparenz die Stellung der Schule im Leben. Haben wir immer einen Blick auf das Ganze? Wissen wir, wie andere Waldorfschulen mit vergleichbaren Situationen und Problemen umgehen? Kennen wir die (lernbaren) sozialen Techniken, um die Komplexität des Schulgeschehens zu bewältigen? Sind wir uns klar über unsere Wirkung auf andere (Schüler, Eltern, Außenstehende, Öffentlichkeit usw.)? Kennen wir das Interesse der Außenwelt an der Waldorfpädagogik?

Alle diese Fragen der Selbstprüfung sind Früchte der Fähigkeiten, die im Prozess der Transparenz entwickelt werden. Verselbständigung setzt Selbstverständigung voraus.

Individuelle Begegnung und Transparenz – und genauso die später beschriebenen Prozesse Beratung und Entschluss – beruhen zunächst einmal auf Einsicht in die entsprechenden Gegebenheiten und ihre Gesetzmäßigkeiten. Aus dieser Einsicht heraus kann sich der Einzelne entschließen, entsprechende Fähigkeiten auszubilden. Denn bei alledem, was bisher beschrieben wurde und noch zu beschreiben ist, handelt es sich nicht einfach um Verhaltensweisen oder um Verfahren. Ohne individuelle Einsicht gibt es keine sinnvolle Fähigkeitsbildung. Aber Einsicht allein genügt noch nicht. – Im Zusammenhang dieses Buches können die Einzelheiten der hier geforderten Selbstentwicklung nicht beschrieben werden. Wohl aber kann darauf hingedeutet werden, worauf es bei dieser Selbstentwicklung besonders ankommt. Das geschieht im Folgenden für den Prozess der Transparenz.

Wege zur Erkenntnisfähigkeit

Erkenntnissicherheit zu erwerben ist für die praktische Zusammenarbeit und das soziale Leben von größerer Bedeutung als man früher in der Regel annahm.[69] Wie weit die scheinbar „weichen" Faktoren des sozialen Lebens auf präzise Erkenntnisleistungen angewiesen sind, lehrt – statt langer Begründungen – das etwas makabre, aber eingängige Gleichnis vom gekochten Frosch:

Zwei Frösche fielen aus Versehen in einen Topf, in dem Wasser erhitzt wurde. Noch war es lauwarm. Der eine Frosch fand das Wasser angenehm und tat nichts. Nun wurde das Wasser allmählich wärmer. Die Veränderung war so langsam, dass er sie nicht registrierte. Als es zu heiß wurde, ermattete er und ertrank. Der andere Frosch fühlte sich durch die ungewohnte – wenn auch nicht unangenehme – Wassertemperatur alarmiert und sprang aus dem Topf, solange er noch bei Kräften war. – Der eine Frosch erlag der „wellness" des lauwarmen Wassers, der andere nahm sie als Alarmzeichen.

Theoretisch ist der Unterschied zwischen den beiden Fröschen leicht zu beschreiben: Der eine nahm die allmähliche Erwärmung des Wassers als einfaches Faktum und maß sie an seiner Befindlichkeit. Der andere nahm sie als Symptom für eine Veränderung in die falsche Richtung – trotz angenehmer Befindlichkeit – und reagierte rechtzeitig.

Wer einen genügenden Abstand zu sich selbst besitzt (den anderen sei es hier nicht geraten!), kann sich im Rückblick auf sein bisheriges Leben die Frage stellen, wann und wie oft er in die Situation eines „gekochten Frosches" gekommen ist, d. h. auf unheilvolle Entwicklungen nicht rechtzeitig aufmerksam wurde. Es geht ja um nichts weniger als um die Fähigkeit, das Unheilvolle zu bemerken, bevor es da ist. Das aber ist nicht zuletzt eine Frage der Denk- und Urteilsfähigkeit. Denn Wahrnehmen lässt sich das Unheil ja noch nicht. Das gilt auch für die Zusammenarbeit im Schulorganismus. Aus dem Rückblick auf durchlittene Situationen dieser Art können Fähigkeiten entwickelt werden, um solches für die Zukunft zu vermeiden. Schule wird dann nicht nur im Hinblick auf die Schüler zu einem „lernenden Unternehmen".

---

[69] Das betont neuerdings mit Recht P. M. Senge, 2001.

Wie kann ich aber Bedrohliches erkennen, *bevor* es bedrohlich ist? – Dazu muss ich in der Lage sein, Prozesse zu denken und nicht nur einzelne Zustände. Das ist nicht weit verbreitet, und es kommt immer wieder vor, dass Menschen, die mit dieser Fähigkeit auftreten, in ihrem Sozialzusammenhang nicht ernst genommen werden.

Der bereits erwähnte Kollege, der bestimmte Entwicklungen seiner Schule nicht weiter mittragen konnte, teilte das schließlich samt Begründung schriftlich mit und zog sich aus der Selbstverwaltung zurück. Er schrieb auch, dass sein Rückzug ja eigentlich keine Lösung sei und dass er bereit sei, eine Kündigung zu akzeptieren. Er spreche diese Kündigung von sich aus um seiner Klasse willen aber jetzt noch nicht aus. – Die Verantwortlichen nahmen das als eine subjektive Erklärung und reagierten nicht besonders darauf. Dass es sich hier um eine Art „Notruf" handelte, entging ihnen offensichtlich. Jedenfalls gab es keine entsprechenden Reaktionen. Man hielt den Kollegen einfach für eigenwillig und setzte sich mit seinen Sachargumenten nicht auseinander. Zwei Jahre später ergab sich aus der bislang tolerierten Sonderstellung dieses Kollegen und aus der Hilflosigkeit der Verantwortlichen ein Konflikt, der zur raschen Kündigung durch den Kollegen führte und in dem sich schließlich die Elternschaft seiner Klasse dem Kollegium gegenüberstellte – ein Konflikt größeren Ausmaßes, der nicht folgenlos blieb. – Der Fehler war von Anfang an vor allem gewesen, dass die Mitteilung des Kollegen, er könne die Vorgänge in der Schule nicht weiter mittragen, als skurriles Faktum, aber nicht als Symptom gewertet wurde. Man hätte diesen Notruf bearbeiten müssen. Das geschah aber nicht. Die Situation wurde unbemerkt immer „heißer", bis die Katastrophe eintrat. Erst da rieb man sich die Augen und fragte sich verwundert, wie es denn dahin hatte kommen können. Am Ende hatten mehrere Beteiligte den Eindruck, in die Situation eines „gekochten Frosches" (s. o.) geraten zu sein. Die Anfänge nicht bemerkt oder nicht richtig eingeschätzt zu haben, führte hier zu einer dramatischen Entwicklung, die durch Folgefehler gänzlich aus dem Ruder lief.

Wenn man seine Jacke zuknöpft und der erste Knopf ins falsche Loch kommt, hat das Folgen für alle anderen Knöpfe. Das „Verhängnis" pflanzt sich fort und ist nur dadurch zu beheben, dass man alle Knöpfe noch einmal aufmacht. – Im vorliegenden Fall hat nach meiner Beobachtung noch lange Zeit die Möglichkeit bestanden, alles noch einmal von vorne aufzurollen, indem man den Kollegen ernst genommen hätte und auf seine sachhaltigen Vorwürfe eingegangen wäre. Jedoch fehlte dazu offenbar das Problembewusstsein. Stattdessen wuchs die Entrüstung über jeden weiteren Knopf: Die Jacke sitzt immer schiefer. Befindlichkeit siegt über Erkenntnis und ihre Konsequenzen.

Eine weitere Anforderung an die Erkenntnisfähigkeit ist, Zusammenhänge nicht einfach in linearer Kausalität zu denken, sondern in Wechselwirkungen.[70] Eine solche Wechselwirkung besteht beispielsweise zwischen dem Ganzen und den Einzelheiten. Das Ganze bestimmt die Einzelheiten – und die Einzelheiten bestimmen zugleich das Ganze; so ähnlich wie bei dem oben gebrauchten Bild vom Fluss: Das Wasser gräbt das Flussbett, und zugleich lenkt das Bett das Wasser. – Nur indem man Prozesse denkt statt Zustände, kann man den Phänomenen des sozialen Lebens näher kommen. Bei menschlichen Begegnungen ist das verhältnismäßig leicht zu sehen: Wie sich der andere mir gegenüber verhält, hängt (auch) von mir ab – und wie ich mich verhalte, hängt (auch) von dem anderen ab. Ich kann deshalb selten das Verhalten eines anderen mir gegenüber beurteilen, ohne mein eigenes Verhalten einzubeziehen. Je weiter man in diese Richtung fortschreitet, um so deutlicher wird, dass es unzureichend wäre, sich einfach mit der eigenen Position zu identifizieren. Wir müssen lernen, in Abläufen zu denken. Oftmals beruhen die Probleme, mit denen wir heute konfrontiert werden, auf den „Lösungen", die wir gestern gefunden zu haben glaubten. Wer gegenüber auftretenden Problemen den bequemsten Lösungsweg sucht, begegnet oftmals kurz darauf den Problemen wieder, nur in verschärfter Form. „Der bequemste Ausweg erweist sich zumeist als Drehtür."[71] Wir müssen damit rechnen, dass kleine Veränderungen große Auswirkungen haben und dass Ursachen und Wirkungen räumlich-zeitlich getrennt auftreten, so dass sie nicht leicht aufeinander zu beziehen sind.

An einer Schule wird ein Rückgang der Elternbeiträge bemerkt, die in freiwilliger Höhe entrichtet werden. Man reagiert darauf so, dass man jetzt an die Stelle der freiwilligen Beiträge eine Art „Steuer" einführt: Die Beitragshöhe ist aus einer Einkommenstabelle abzulesen. Ein Einkommensnachweis kann verlangt werden. Einige Elternhäuser verlas-

---

[70] W. Isaacs, 2002, S. 38
[71] P. M. Senge, 2001, S. 79

sen daraufhin die Schule, weil sie fiskalisches Vorgehen nicht mit dem Geist einer Waldorfschule in Einklang sehen. Der finanzielle Effekt dieser Maßnahme, so stellt sich nach kurzer Zeit heraus, ist außerdem sehr gering. Die Beitragstabelle hat nicht nur Mehr- sondern auch Minderzahlungen gegenüber früher zur Folge! – Im Sinne des oben Beschriebenen wurden dabei mehrere Fehler gemacht: Man machte sich nicht klar, was es für die Atmosphäre an einer Schule bedeutet, an die Stelle von freiwilligen Beiträgen steuerähnliche Abgaben zu setzen. Die Partnerschaft zwischen Eltern und Lehrern und die Mitunternehmerschaft der Eltern an der Schule wird so mit Füßen getreten (Näheres darüber im nächsten Kapitel). Antizipatorisches Denken wurde hier nicht in Anschlag gebracht.

Im Sinne des Denkens in Wechselwirkungen hat man versäumt, nach den Gründen für den Rückgang der Beiträge zu fragen. Der könnte ja z. B. in einer Verarmung von Elternhäusern liegen (dann müsste man gemeinsam nach Lösungen suchen), es könnte sich darin aber auch ein Rückgang des inneren Engagements an der Schule zum Ausdruck bringen. Das wäre eine gefährliche Entwicklung, der man unbedingt auf den Grund gehen müsste, bevor irgendwelche „Maßnahmen" ergriffen werden, durch die die Distanz am Ende noch größer wird. Alles das ist unterblieben. –

Ein anderes Beispiel:

Wenn die Teilnahme an Veranstaltungen der Schule (Vorträge, Seminare und andere „Events") zurückgeht, werden diese oft schon aus finanziellen Gründen ausgedünnt oder eingestellt. Man bedauert dann manchmal die Interesselosigkeit der Schulgemeinschaft (Eltern und Lehrer), sollte sich aber die Frage nicht ersparen, was man als Veranstalter eventuell selbst falsch gemacht haben könnte. Das kann an nachlässiger oder verspäteter Ankündigung ebenso liegen (Transparenzproblem) wie daran, dass man an den geistigen Bedürfnissen der Eltern oder Lehrer „vorbei" produziert. Oder auch daran – das habe ich schon erlebt –, dass die angebotenen Vorträge einen so penetrant belehrenden Charakter haben, dass sich dem kaum jemand aussetzen will. – Nachlassender Publikumsbesuch, so schmerzvoll er ist, kann umgekehrt Anlass und Chance sein, die geistigen Vorgänge in der Schule etwas genauer zu erforschen und zu intensivieren.

Auf der rein wirtschaftlichen Seite ist es ähnlich: Gehen die Einnahmen zurück (aus welchem Grund auch immer), wäre es kurzsichtig, daraus automatisch eine Drosselung der Ausgaben abzuleiten (Konsumbeschränkung). Vielmehr kann es geboten sein, in diesem Moment die Ausgaben zu erhöhen (als Investitionen), um als Folge davon wieder erhöhte Einnahmen zu erzielen.

Eine weitere wichtige Anforderung besteht darin, die eigenen geistigen Prägungen („mentale Modelle") zu durchschauen. Mentale Modelle sind Grundstrukturen des Denkens, die uns nicht bewusst sind, sondern uns dadurch gefangen halten, dass wir sie zum Maßstab unserer Urteilsbildung machen. Es sind unbewusste Grundannahmen, durch die wir uns oft genug selbst das Spiel verderben, weil sie unsere Eindrücke schon im voraus bestimmen, oftmals auch die Urteile oder gar die Zielsetzungen unseres Handelns: Was man für wahr hält, was man für wichtig hält, was man für möglich hält oder was man erwartet. Bleiben diese Annahmen undurchschaut, so führen sie uns im Kreise herum. „Strukturen, die uns nicht bewusst sind, halten uns gefangen."[72] Wir begegnen in Wirklichkeit nicht den (immer neuen) Situationen des Lebens, sondern sitzen in unserem Vorstellungsgefängnis, ohne es zu merken. Die mentalen Modelle des eigenen Denkens aufzudecken, gehört deshalb zu den wichtigsten Bewusstheitsleistungen des gegenwärtigen Menschen.

Wer näher hinsieht, wird in der Praxis der kollegialen Selbstverwaltung immer wieder solchen Modellen begegnen;

- *beispielsweise der pauschalen Grundannahme, dass sich Eltern um die Pädagogik in der Waldorfschule nicht zu kümmern hätten. Diese Grundannahme wird oftmals auf Rudolf Steiner zurückgeführt. Aber bei diesem findet sie sich nicht – im Gegenteil. Wo diese Grundannahme einfach akzeptiert wird, verhindert sie eine wirkliche und arbeitsteilige Zusammenarbeit zwischen Eltern und Lehrern ebenso, wie sie oftmals geeignet ist, die sozialen Beziehungen zu vergiften. Das kann so weit gehen, dass jemand glaubt, Eltern müssten über pädagogische Maßnahmen oder über die Zukunftsentwicklung der Schule nicht einmal mehr informiert werden.*

- *Eine ebenso irrtümliche Grundannahme, die gelegentlich zu vernehmen ist: Wir befinden uns ja im freien Geistesleben und da kann doch jeder machen, was er will.*

---

[72] P. M. Senge, 2001, S. 118

Damit offenbar zusammenhängend:

- *Führung sei in einer selbstverwalteten Schule deplaciert. Das beruht oftmals darauf, dass man Führung nicht anders als hierarchisch denken kann. Die erste Klippe der kollegialen Selbstverwaltung ist schon darin zu sehen, wenn man nur „Hierarchie" oder „Basisdemokratie" denken kann oder Mischformen aus beiden, aber nicht „geistige Produktivität und freie Empfänglichkeit" als drittes, ganz neues Prinzip der Zusammenarbeit. – Dazu gehört z. B. auch die Verwechslung von Freiheit mit Willkür einerseits oder mit Gleichheit andererseits und die Identifizierung von Unternehmertum und Kapitalismus. – Weiteres:*

- *Bei der kollegialen Selbstverwaltung gehe es vor allem um ein „Wir-Gefühl" und das setze ständiges Zusammensitzen im großen Kreis voraus.*

- *Einzelverantwortung im Sinne von Delegationen bewirke Machtausübung Einzelner und beruhe auf isoliertem Handeln ohne Einbezug der anderen.*

- *Waldorfschule könne als Summe pädagogischer Maßnahmen ausreichend beschrieben werden.*

- *Waldorfpädagogik beruhe auf Vorgaben Steiners; Anthroposophie habe dabei eine normative Bedeutung. –*

Beide zuletzt genannten Grundannahmen haben beispielsweise zur Folge, dass Aufgabenbewusstsein, Sinn für Zielsetzungen des eigenen Handelns und Sinn für den geistigen Impuls, der ihm zugrunde liegt, nicht in den Blick kommen können.

Es gibt auch einige in unserem Zeitalter allgemein verbreitete Grundannahmen, die sich in einer selbstverwalteten Schule als besonders kontraproduktiv erweisen können: z. B.

- *Der so genannte „Konstruktivismus", also eine Erkenntnishaltung, die davon ausgeht, dass es eine „Wirklichkeit", nach deren Erkenntnis man streben könnte, überhaupt nicht gibt; dass vielmehr alle so genannte „Wirklichkeit" das Konstrukt psychischer Projektionen oder neuronaler Vorgänge im Gehirn sei. – Dass unter dieser Prämisse Individualität und Freiheit Illusionen sind, durchschaut man dabei oft nicht, ebenso wenig wie die prinzipielle Selbstwidersprüchlichkeit dieser Auffassung.*

- *Ziel des gemeinsamen Handelns sei es, dass sich möglichst alle wohl fühlen. Man könnte dies den Wellness-Aspekt im Sozialen nennen, der sich gelegentlich an die Stelle anderer Zielsetzungen zu setzen scheint. Er ist insofern gefährlich, als man sich auch gerade dann wohlfühlen kann, wenn man die Probleme nicht sieht oder sie bewusst ausblendet.*

- *Gilt der Mensch (das Kind) als genetisch, psychisch oder gesellschaftlich restlos vorgeprägt, so braucht man eine „Erziehung zur Freiheit" nicht mehr ins Werk zu setzen.*

Gerade in Zeiten gesellschaftlichen Wandels sind es oftmals die Restgrößen einer abgelegten Zeit (Traditionen, Instinkte, Verhaltensnormen usw.), die sich unbewusst und gedankenstarr zur Geltung bringen, wenn man sie nicht durchschaut. Sie wirken sich dann aus als Hindernisse bei dem Versuch, zu einem bewussten, flüssigen Denken zu kommen. Waldorfpädagogik versucht, diesen Prägungen dadurch zu entgehen, dass sie die Kinder ab der Pubertät zu kräftiger eigener Urteilsbildung anhält, in den Jahren davor es aber vermeidet, ihnen definierte Begriffe einzutrichtern. Wo solches zu früh geschieht, da entstehen gerade solche Fixierungen, die dann das weitere Leben umfassend prägen können.[73]

Mentale Modelle summieren sich nicht einfach in dem Sinne, dass eben jeder eine Auswahl davon besitzt, sondern sie verstärken und stützen sich gegenseitig. Wer an dem einen rüttelt, muss bald auch das nächste in Frage stellen. Da das u. U. schmerzhaft ist, immunisiert man sich oft lieber gegen jegliches In-Frage-Stellen der eigenen Positionen. Wenn Selbstverwaltung nicht zur Stammtisch-Mentalität verkommen soll, erfordert dies energische Aufwach-Bemühungen der Einzelnen, bei denen man sich aber gegenseitig unterstützen kann. – Durch den bewussten Umgang mit den eigenen mentalen Modellen kommt man in eine fruchtbare Auseinandersetzung mit sich selbst. Man kann hier an den verbreiteten Spruch denken: Was wir Wahrheit nennen, sind nur die Irrtümer, die wir noch nicht durchschaut haben. Diese etwas zynische Weisheit gilt jedenfalls gegenüber unseren unbewussten Voreinstellungen. Von Menschen, die in mentalen Modellen gefangen sind, handelt das Mär-

---

[73] R. Steiner, 1907, S. 342

chen „Des Kaisers neue Kleider". „Ihre feste Vorstellung von der Würde des Monarchen hinderte sie daran, den nackten Mann als das zu sehen, was er war."[74] Aus unbemerkten „Besetztheiten" dieser Art entspringt die Selbstverständlichkeit, mit der man die eigene Position für die „normale" zu halten geneigt ist; besonders dann, wenn sie durch eine Mehrheit bestätigt wird. Dann ist aber kein „freier Geist" mehr möglich. Oft erzeugt diese Haltung eine (gelegentlich recht dilettantische) Regelungswut oder sie steigert den ohnehin vorhandenen Entrüstungsbedarf einzelner Menschen. Modelldenken verhindert den Sinn für das Ganze, für die Idee der Schule, die Individualität der anderen und auch jedes eigenschöpferische Verhalten. Es wirkt sich gravierender im Schulorganismus aus, als man zunächst annehmen möchte.

„Feste Vorstellungen" sind insbesondere seit der Mitte des 19. Jahrhunderts in der Gesellschaft verankert.[75] Daher erwartet sie heute jeder ohne weiteres und lässt sich leicht von ihnen gefangen nehmen. Auch der häufig gehörte Ruf nach verlässlichen „Verfahren" gehört dazu. Das „Verfahren" ist der Zwillingsbruder der festen Vorstellung. Es ist daher eine für die Selbstverwaltung ganz dringliche Aufgabe, die festen Vorstellungen zu durchschauen und sie wieder in Fluss zu bringen. Das geschieht zum Beispiel dadurch, dass ich Intuition und Beobachtung zu den Quellen meiner Vorstellungsbildung mache, statt Theorien und Traditionen.[76] Das Leben ist ja keine Nummernrevue, sondern alles hängt mit allem zusammen; auch in der Konferenz und im Schulgeschehen. Alles bezieht sich auf alles. – Eine erste Maßnahme gegen feste Vorstellungen ist es, mit der Urteilsbildung solange wie möglich zu warten und sich stattdessen das Wahrgenommene und Erfahrene exakt zur Vorstellung zu bringen – ohne gleich ein Urteil daran zu schließen oder Schlüsse zu ziehen, also einer gewohnten seelischen Automatik nachzugeben. Schon die Urteilsenthaltung ist eine starke Leistung des menschlichen Ich! – Für die kollegiale Zusammenarbeit sind derartige Bemühungen eine unabdingbare Voraussetzung.

---

[74] P. M. Senge, 2001, S. 213
[75] Hinweis von T. Kracht.
[76] H. Witzenmann, 1977/1978 und 1998

Prozesse denken, sich des Urteils enthalten, Vorstellungen *bewusst* bilden, Wechselwirkungen durchschauen und die eigenen oder fremden mentalen Modelle erkennen: das sind wichtige Stationen auf dem Weg zum Umgang mit der Wirklichkeit.

3. Beratung

> *In der Idee leben heißt,*
> *das Unmögliche behandeln,*
> *als wenn es möglich wäre.*
>
> Goethe[77]

Bis jetzt haben wir uns im Bereich des Bestehenden bewegt. Jede freie Zusammenarbeit bedarf aber auch eines ständigen Eindringens in die Zukunft. Ohne Entwicklung ist Geistesleben nicht denkbar. Der dritte Blick auf die gemeinsame Arbeit betrifft daher die Zukunft. Über die Fähigkeit der Antizipation wurde bereits gesprochen. Sie erfasst die Tatenfolgen des gegenwärtigen Handelns – eine Gedankenbewegung, die von der Gegenwart in die Zukunft führt. Um Zukunft gestalten zu können, bedarf es auch der gegenläufigen Bewegung, von der Zukunft in die Gegenwart. Die Zukunft veranlasst mich, heute etwas Bestimmtes zu tun. Hier haben wir es zu tun mit dem Bereich der Ideen. Wir haben bereits gesehen, dass dieser Bereich für die Arbeit im freien Geistesleben konstitutiv ist. In ihm spielen sich geistige Produktivität und freie Empfänglichkeit ab. In ihm werden die Zielsetzungen der Arbeit gefunden. Wie kann er im Schulorganismus lebendig erhalten werden?

Die Notwendigkeit, die Ideensphäre in die Arbeit einzubeziehen, gilt nicht nur für die Fragen der täglichen Arbeit, sondern auch und gerade den Zielsetzungen der Schule gegenüber. Manfred Leist hat darauf mit sensiblen Worten hingewiesen: „Schafft sich Waldorfschule nicht von Generation zu Generation neu aus ihren geistigen Grundlagen, wird sie nicht aus sich selbst heraus immer erneut jung, so könnte sie die Stimme der

---

[77] J. W. Goethe, 1976, S. 59

Zeit, die aus den täglich herantretenden Menschen spricht (oft allerdings unklar artikuliert), überhören. Auch in gewisser Weise zeitlos Gültiges bedarf sich wandelnder und sich vertiefender Gesten, um sich zeitgemäß verkörpern zu können."[78]

Der Umgang mit Ideen besteht nicht nur darin, selbst neue Ideen zu finden. Ich muss mich auch in die Ideenwelt anderer Menschen einleben können, überhaupt für Ideen sensibel werden. Wie kommen wir – im Sinne eines bereits zitierten Ausdrucks – gemeinsam dazu, im „Fahrwasser der Idee [zu] schwimmen"?[79] Es gibt heute in der Kreativitätsforschung Anregungen, wie man in den Ideenbereich hineinkommt, sich in ihm bewegt und wie Ideen im Leben fruchtbar gemacht werden. Dabei sind verschiedene Phasen zu unterscheiden:

- **Mit Fragen leben**
  Eine erste Voraussetzung zur Ideenfähigkeit ist es, mit *Fragen* zu leben. Die Ausgangsfragen für eine Ideenbildung müssen präzise gestellt sein. Sodann ist es wichtig, das Urteil offen zu halten. Wir neigen von Natur aus zu einem „geschlossenen Weltbild". Wenn es sich nicht von selbst ergibt, helfen wir gerne ein bisschen nach. Geschlossene Weltanschauungen aber sind geeignet, neue Ideen eher zu vertreiben. – Die Anforderung, eine Weile mit offenen Fragen zu leben, ist nicht zu unterschätzen. Sie erfordert einen „Überschuss an Aufmerksamkeit".[80] Kreativität gedeiht in „Fragenschutzgebieten".[81]

- **Kreative Unruhe**
  Daraus ergibt sich ein zweiter Schritt auf dem Weg zur Idee: Was als offene Frage beginnt, kann zu einer ausgreifenden Unsicherheit werden. Diese Unsicherheit muss ich bewusst herstellen und auszuhalten lernen. Das beginnt schon damit, dass ich die offenen Fragen, mit denen ich lebe, immer wieder neu zu formulieren versuche. Dann werde ich alles daransetzen, mir Anregungen von anderen zu holen, mich beraten zu lassen oder auch selbst die Perspektive der Betrach-

---

[78] M. Leist, 1986, S. 69
[79] R. Steiner, 1887, S. 174
[80] M. Csikszentmihalyi, 1994⁴, S. 20
[81] J. Werner, 1997

tung zu wechseln; ich versuche, in eine innere Beweglichkeit hineinzukommen. Diese Beweglichkeit kann so groß werden, dass ich meine eigene Position in Frage stelle.

Das ist die zweite große Anforderung an die Ideenbildung: mich von den lieb gewonnenen Vorstellungen zu trennen, ohne auf ein bestimmtes Ergebnis zu schielen. Ich muss es lernen, eine paradoxe Situation zu ertragen: etwas zu suchen, von dem ich nicht weiß, was es ist.

- **Inkubation der Idee**
  Bis dahin kann ich meine Schritte aktiv gestalten. Jetzt aber kommt mir etwas entgegen – oder auch nicht. Man kann hier von einer „Inkubationszeit der Idee" sprechen. Inkubation ist bei Infektionskrankheiten die Zeit zwischen der Ansteckung und dem Ausbruch der Krankheit. Wörtlich bedeutet sie „Ruhezeit". Eine solche Ruhezeit gibt es nicht nur bei Grippe oder Masern, sondern auch bei allem, was mit Ideenbildung zu tun hat. Nachdem ich eine innere Offenheit hergestellt habe, kommt es darauf an, meine Fragen und die schlummernden Ideen sich selbst zu überlassen.

  Das ist so ähnlich, wie wenn ich Radieschen ziehe: Da darf ich auch nicht jeden Tag eines herauszupfen und schauen, ob es gewachsen ist. Aus dem herausgezupften kann jedenfalls nichts weiter werden. – Gelingt es mir, meine Fragen, Probleme und Unsicherheiten ruhen zu lassen, dann geschieht, was viele Menschen so beschrieben haben: Plötzlich, während sie an etwas ganz anderes dachten, vorzugsweise morgens nach dem Aufwachen, kam ihnen die Idee, nach der sie vielleicht jahrelang gesucht hatten.

  Für die Beratung in der Konferenz bedeutet das vor allem, ideenträchtige Fragestellungen nicht unter Zeitdruck zu behandeln. Zeitdruck entsteht häufig ja nur dadurch, dass die Frage nicht frühzeitig genug eingebracht wurde.

- **Intuition**
  Ideen treten nicht ohne mich auf, aber sie sind nicht von mir gemacht, sondern „pro-duziert" im Sinne von „hervor-gebracht". Schon Sokrates bediente sich hier, wie erwähnt, des treffenden Vergleichs mit einer Hebamme: er verhalf den Ideen anderer Menschen zur Geburt.

Auch das hat Ideenbildung mit Entbindung gemeinsam: Wenn sich die Idee ankündigt, weiß man noch nicht, wie sie aussieht. Sie ist noch nicht in Worten formuliert. Sie erscheint wortlos. Wir erleben „Geistes-Gegenwart". Das halten wir nicht lange durch, sondern suchen sofort nach einer Formulierung; die unformulierte Idee würde uns entgleiten. Und nun tritt eine erste Formulierung auf, bei der wir notwendigerweise bewusst „mitgewirkt" haben.

- **Ausgestalten der Idee**
Die weitere Ausgestaltung der Idee bedarf der konstruktiven Zusammenarbeit. Wenn jemand seine Idee in ihrer ersten, vorläufigen Form zum Ausdruck bringt, klingt sie meist nicht sehr attraktiv. Sie ist noch nicht voll verständlich oder enthält Merkwürdigkeiten. Jetzt geschieht es oftmals in einer Gruppe, dass man sich auf dieses unfertige Gebilde stürzt und es mit Gegenargumenten erledigt: „So etwas hat es ja noch nie gegeben", „Wozu brauchen wir denn so etwas!", „Das funktioniert doch gar nicht!", „Wer soll das bezahlen?" usw. Man spricht da von „Killerphrasen". Weitere Killerphrasen sind z. B. die folgenden:

→ Das ist nicht neu. Das gab es schon.
→ Das kann nicht funktionieren.
→ Das haben wir schon probiert. Damals ging es auch nicht.
→ Dafür haben wir keine Ressourcen.
→ Wann war so etwas denn schon einmal erfolgreich?
→ Dazu müssen wir zuerst die Menschen ändern.
→ Ich kenne den Laden hier. Bei uns geht das nicht!
→ Das hört sich aber sehr theoretisch an.
→ Man darf doch nicht gleich alles über Bord werfen.
→ Das können Sie doch nicht beurteilen.
→ Wollen Sie sagen, dass wir bisher alles falsch gemacht haben?
→ Wenn das so einfach wäre.
→ Als Experte kann ich Ihnen sagen ...
→ Ganz nett, aber unter Wirtschaftlichkeitsaspekten ...[82]

---

[82] H. Backerra, C. Malorny, W. Schwarz, 2002^2, S. 56

Die Kenntnis von Killerphrasen ist auch dann wichtig, wenn ich sie selbst gar nicht anwenden will. Bringt z. B. jemand in der Frühphase einer Beratung Finanzierungsargumente ein, dann handelt es sich fast immer um ein Killerargument. Er will damit verhindern, dass man sich überhaupt weiter mit der Idee beschäftigt. Oder er will, dass einfach alles beim Alten bleibt. Das muss man durchschauen; dann kann man es zurückweisen. Sonst haben Ideen in der Gemeinschaft wenig Chancen.[83]

Man kann aber auch das Umgekehrte tun und sich für die vielleicht noch unfertig formulierte Idee näher interessieren: „Wie haben Sie das gemeint, können Sie das noch einmal erläutern?", „Ich sage einmal mit meinen Worten, wie ich es verstanden habe, und frage Sie dann, ob es so gemeint war" u. ä. Schließlich kann sogar gemeinsam an der Ausgestaltung der Idee gearbeitet werden. Es ist ein Gesetz im Ideenbereich: Wer sich auf die Idee eines anderen wirklich verständnisvoll, empfänglich einlässt, dessen eigene Ideenproduktion wird dadurch ebenfalls angeregt. Hier kommt all das zum Tragen, was oben zur „geistigen Produktivität und freien Empfänglichkeit" auszuführen war.

- **Prüfung der Idee**
  Was hier „Ausgestaltung der Idee" genannt wurde, ist eine empfindliche Phase, in der vieles falsch gemacht werden kann. Was danach kommt, steht auf sichereren Füßen: die Prüfung der Idee. Ist sie wirklich geeignet für unsere Situation, hat sie Schwachstellen usw.? Hierzu muss die Idee zunächst einmal konkretisiert werden. Das Ganze ist ein sozial interessanter und phantasievoller Prozess. Indem ich mich in den Dienst der Idee stelle, verändere ich die Wirklichkeit.

- **Durchführung**
  Erst ganz zum Schluss wird die Durchführung organisiert. Das kann unter Umständen auch von anderen gemacht werden, die im Organisieren besser sind als derjenige, der die Idee produziert hatte.

---

[83] Näheres zu „Killerphrasen" u. ä.: K.-M. Dietz, 2001a, S. 107-109

Die genannten Phasen der Ideenbildung kann man so zusammenfassen:

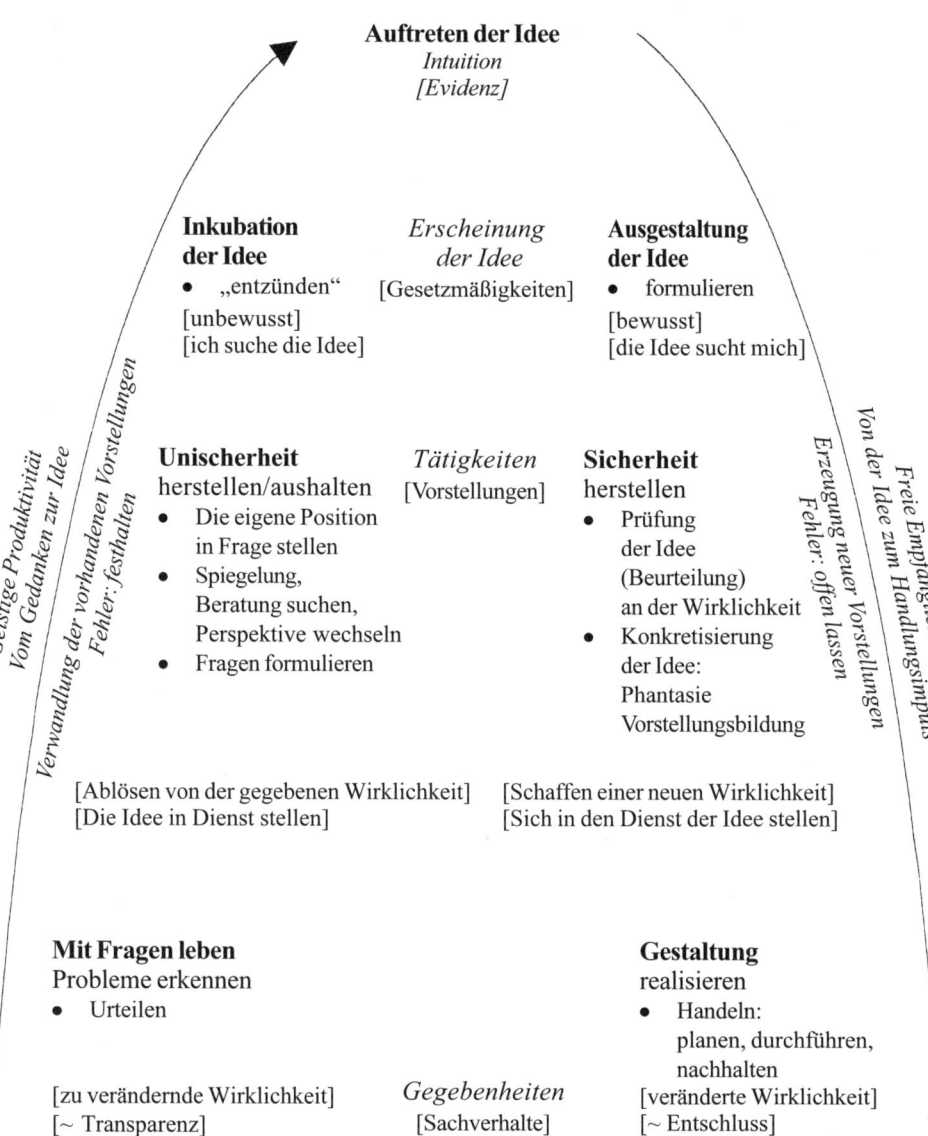

Durch die Arbeit an den Ideen kann in einem Kollegium eine Atmosphäre von geistiger Produktivität und freier Empfänglichkeit entstehen. Niemand kann – wie gesagt – Ideen erzwingen, weder bei sich noch bei anderen. Und niemand kann andererseits erzwingen, dass aufgetretene Ideen aufgegriffen und weiterentwickelt werden. Wenn jedoch eines von beiden nicht geschieht, dann findet Geistesleben im eigentlichen Sinne nicht statt. Deshalb ist es so wichtig, in der Selbstverwaltung eine hohe Sensibilität für den Umgang mit Ideen zu entwickeln.

Als ich diese Überlegungen zur Ideenbildung einmal in einem Seminar vortrug, wurde mir eingewandt, zur Beachtung solcher Phasen habe man doch in der Hetze des Schulgeschehens keine Zeit. Bevor ich noch antworten konnte, meldete sich ein Teilnehmer: Er sei von Beruf Pilot, und sie würden geschult, in Krisensituationen blitzschnell das Richtige zu tun. Dabei würden sie angehalten, genau nach den vorgetragenen Phasen vorzugehen ...

Was hier für die Ideenbildung beschrieben wurde, gilt im Großen und Ganzen auch für die anderen dialogischen Prozesse. Das Heraufrufen des Schöpferischen liegt schon in der Begegnung: Der andere Mensch regt mich durch sein Sosein zu Eigenem an. Es liegt auch in der Transparenz spätestens dann, wenn ich das Wesentliche vom Unwesentlichen unterscheiden will. Das schöpferische Potential zeigt sich weiterhin, wenn ich vorhandene Zusammenhänge aufdecke, Bestehendes weiterbringe, Erstarrtes belebe oder Unfreiem zur Verselbständigung verhelfe. Es zeigt sich beim Handeln in jeder situativen Geistesgegenwart. Für die Belange der Selbstverwaltung kommt noch hinzu, dass das schöpferische Element uns immer in die Nähe des geistigen Impulses führt, aus dem heraus wir handeln wollen. –

Die Phasen der Beratung, die hier in prinzipieller Weise unterschieden wurden, laufen im konkreten Gespräch keineswegs schematisch ab. Heinz Zimmermann vergleicht den Ablauf eines Gesprächs mit dem fünfaktigen klassischen Drama, in dem der Held „sich durch die Entwicklung über die Krisis zur Katharsis bewegt".[84]

---

[84] H. Zimmermann, 1985, S. 448

Manche Kollegien haben eine Kultur der Produktivität und Empfänglichkeit bis ins Einzelne herausgebildet. Sie haben es sich beispielsweise zur Gewohnheit gemacht,

- *im Gespräch nachzufragen, was der andere gemeint hat, wenn dies nicht zweifelsfrei klar erscheint;*
- *die Aussprachen zu einem Thema ganz oder teilweise zu rekapitulieren; das ermöglicht Überblick, der wieder zum Weiterdenken anregt;*
- *Beschlussvorlagen einer Delegation vor dem Beschluss an alle Betroffenen und Beteiligten zu senden mit der Bitte, Ideen beizusteuern;*
- *Zeit zu lassen zur Ideenfindung (der Zeitverlust wird hinterher ohne weiteres wettgemacht);*
- *im Gespräch das Positive des Vorredners aufzugreifen, statt das Unzuträgliche zurückzuweisen;*
- *Fragen zu stellen statt Meinungen abzugeben.*

*

Auch bei der Beratung können, wie bei den anderen Prozessen, Irrwege eingeschlagen werden. Der eine läuft in Richtung der *Erstarrung*: Die Zukunft ist festgelegt. Statt mit Fragen zu leben, lebt man mit Vorgaben; statt sich an Problemen zu orientieren, betreibt man Schuldzuweisung, wenn etwas misslungen ist. Die kreative Unsicherheit wird verdrängt durch scheinbare „Sachzwänge", und es wird dabei übersehen, dass es wirkliche Sachzwänge im geistigen Leben nicht gibt. Wo es sie zu geben scheint, ist nur noch nicht die zündende Idee aufgetaucht, um sie zu überwinden. Die Inkubation der Idee wird durch Ergebnisdruck überspielt: bis zu einem bestimmten Termin muss etwas Bestimmtes herauskommen. Was dann „herauskommt", ist meistens auch danach und wir haben statt Beratung im Sinne von Ideenbildung: Überreden, Konformität, feste Vorstellungen oder Manipulation.

Nach der anderen Seite hin bleibt die *Zukunft in der Luft hängen*. Man lebt ohne Fragen, naiv, hat also auch keine Probleme. Gedankliche Unverbindlichkeit ersetzt die kreative Unsicherheit, Sprunghaftigkeit tritt an die Stelle der Inkubation und Intuitionen werden mit Illusionen verwechselt. An die Stelle der Ideenbildung treten hier Meinungsaustausch, Monolog oder Selbstdarstellung.

Daneben sollte man die Blockaden kennen, die das Bilden von Ideen erschweren. Man kann zwischen „soziologischen" und „psychologischen" Blockaden unterscheiden[85]:

Soziologische Blockaden:
- Zu viele Komitees und Gremien
- Zu viele Routinearbeiten; wenig Zeit für schöpferische Tätigkeiten
- Bürokratische Starrheit, viele Vorschriften, strenge Instanzenwege, Anonymität
- Mangelnde Objektivität durch Interessenkonflikte und Rivalitäten
- Kritik und Zweifel durch Dritte
- Wenige Möglichkeiten zu Gedankenaustausch und Teamarbeit
- Mangelnde Anerkennung neuer Ideen
- Tabus; heilige Kühe; Traditionen
- Zu hoch vorgegebene Ziele und Anforderungen

Psychologische Blockaden:
- Suche nach dem absolut Richtigen
- Neigung zu gewohnten Vorgehensweisen
- Zu schnelle Meinungsbildung
- Hemmungen, sich zu äußern
- Enttäuschungen, Resignation
- Neigung, anderen nachzugeben
- Zufriedenheit mit dem Erreichten
- Zu wenig Vertrauen in die eigenen Fähigkeiten

---

[85] Das Folgende nach H. Backerra et al., 2002², S. 33f.

*

Für die Kollegiumsbildung ist im Prozess der Beratung die „freie Empfänglichkeit" von besonderer Bedeutung. Wie in den Eingangskapiteln gezeigt, kann man durch die Art der Gesprächsführung ungewollt verhindern, dass geistige Produktivität sozial wirksam wird. Erst wenn dieses Hindernis durch angemessene Moderation beseitigt ist, sehe ich mich auf meine eigenen Fähigkeiten verwiesen und kann sie in der Gemeinschaft zur Geltung bringen. – Wie „frei" und wie sensibel ist meine geistige Empfänglichkeit? Vielleicht kann ich mich auch in stillen Stunden einmal fragen: Wodurch lasse ich mich eigentlich beeindrucken? Durch Argumente, die mir einleuchten, durch Anregungen, die mich weiterbringen, durch Ideen, die mir neu sind oder auch durch das Erleben von Initiative bei anderen Menschen? Oder bleibe ich in dieser Hinsicht unsensibel (und damit außerhalb des freien Geisteslebens) und registriere vor allem Nutzen- und Vorteilsgesichtspunkte, Druck von außen, Ideologien oder Traditionen? Werde ich besonders aufmerksam, wenn ich meine eigenen Vorurteile von anderen bestätigt sehe, oder lasse ich mich durch die Anhängerschaft einer Autoritätsperson beeindrucken? Für das Gelingen von Selbstverwaltung ist es wichtig, hier klar zu unterscheiden.

Mit der „freien Empfänglichkeit" hängt eng zusammen, was man im Alltagsleben als „Kollegialität" bezeichnet.

Es können verschiedene Ebenen von Kollegialität unterschieden werden:

1. Solidarität, d. h. Zusammenstehen als *Interessengruppe* (z. B. gegen Angriffe von „außen"). Sie beruht letzten Endes auf einer Klugheitsmoral.

2. Kollegialität kann auf einer *Achtung vor dem Menschen* beruhen. Sie ist die Grundlage für jede freie Zusammenarbeit (siehe auch oben: „individuelle Begegnung").

3. Kollegialität trotz verschiedenartigen Denkens und Handelns kann sich einstellen, wenn *gemeinsame Ziele* im Sinne des erwähnten „geistigen Impulses" bewusst sind.

4. Eine hohe Form von Kollegialität kann in einer *Verantwortungsgemeinschaft* entstehen, die in der beschriebenen Weise aus ihrem geistigen Impuls heraus handelt.

4. Entschluss

Wie kommt es zum Entschluss? – In der kollegialen Selbstverwaltung werden immer wieder zwei grundlegende Mängel beobachtet. Der erste: Oftmals schließt man die Entscheidung unmittelbar an die Beratung an. Entscheidung gilt dann einfach als das Ende der Beratung. Das hat jedoch Folgen: Die Beratung ist nicht wirklich frei, denn man schielt immer schon auf den Entschluss hin. Jeder Beitrag zur Beratung ist schon eine Art Beschlussvorlage. Ein freies Ausschweifen in der Ideenfindung kann man sich kaum leisten. Außerdem lebt die Ideenbildung in der Beratung davon, dass sich alle daran beteiligen, die sich engagieren wollen und können. Aber nicht alle diese können oder sollen an der Entscheidung teilnehmen (darüber sogleich). Entweder ist die Beratung nicht offen genug oder die Entscheidung nicht stringent genug, wenn beides ineinander fließt. Daher ist es wichtig, zwischen Beratung und Entschluss deutlich zu trennen.

Ein zweiter häufig zu beobachtender Fehler besteht in der Ansicht, es müsste über alles immer im großen Kreis entschieden werden. Wir haben das im Abschnitt zur Schulführung als „basisdemokratisches Missverständnis" bezeichnet. Dieses tritt offenbar erst seit den 1960er Jahren in der Waldorfbewegung auf. Es gehört jedenfalls nicht zur Selbstverwaltungsidee im Sinne des freien Geisteslebens. Im großen Kreis kommt es nur schwer zur Bildung von Erkenntnisurteilen und noch seltener zu sachgetragenen Entschlüssen. Manchmal kommt es auch zu gar keinen Entschlüssen. Man spricht dann von „Entscheidungsstau". Er hat oft gravierende Folgen: Richtungsentscheidungen werden verzögert, während die einzelnen Kollegen ja täglich handeln müssen. Es wird improvisiert, dann muss zurückgerudert werden, alles ist vorläufig, man verliert den Überblick, kommt sich ins Gehege usw. Seltener tritt das Umgekehrte ein: eine wilde Entschlossenheit, etwas zu tun. Egal was.

So viel vorweg, bevor nun einige Elemente des Entschlusses im Einzelnen betrachtet werden.

- **Überschauen**
  Wer entscheiden soll, gleichgültig ob es *einer* ist, eine kleine Gruppe oder viele, muss sich einen Überblick über die Situation verschafft haben. Er muss die Verhältnisse genau kennen, alle Ideen, die aufgekommen sind, alle Ansichten und die Interessen der Beteiligten und der Betroffenen. Er muss an dem Vorbereitungsprozess lückenlos teilgenommen haben. Die Entscheidenden müssen alles einbeziehen. In der Entscheidung selbst sind sie frei.

- **Entscheiden**
  In der Beratung gab es viele Optionen und Ansätze. Vielleicht gab es sogar am Ende zwei oder drei praktikable Möglichkeiten, wie man die anstehende Frage lösen könnte; und vielleicht ist es gar nicht leicht, sich dazwischen zu entscheiden. Aber diese Entscheidung ist jetzt erforderlich. Beraten kann man vieles nebeneinander, verwirklichen kann man nur *eines* davon. In der Beratung kann man vor- und zurückgreifen und vergleichen – die Entscheidung aber ist unwiderruflich. Was entschieden ist, wird gemacht.

  Wichtig ist auch: Von welcher Art sind die Entscheidungen? Werden mit der Entscheidung einzelne Ergebnisse festgelegt oder bestimmte Wege geöffnet?

  Ein Beispiel: Wird von allen gemeinsam entschieden, wie der Unterricht in einem bestimmten Bereich aussehen soll? Oder wird entschieden, dass sich zwei oder drei kompetente Kollegen bis zu einem bestimmten Zeitpunkt mit dieser Frage beschäftigt haben sollen? Werden ihnen dafür bestimmte Vorgaben gemacht oder wird ihnen freie Hand gelassen? –

  Als Rudolf Steiner seinen Gesellschaftsentwurf der Dreigliederung des sozialen Organismus zum ersten Mal darstellte, war der für viele unverständlich, denn es fehlten die konkreten Beispiele. Steiner selbst ging auf dieses Problem ein, indem er klarmachte, dass man die Einzelanwendungen und Beispielfälle später noch entwickeln könne, wenn man sich für das Ganze entschieden habe. Dass es aber umgekehrt schwer sei, in Einzelheiten zu gehen, bevor man das Ganze im Blick habe. „Nur der Utopist kann im einzelnen ausdenken, dafür sind seine dem abstrakten Denken entsprungenen Aufstellungen auch nicht durchführbar."[86] *Damit ist zweifellos eine Gesetzmäßigkeit getroffen, gegen die man sich nicht ungestraft versündigen kann: Die Entscheidung im Detail setzt den Blick auf das Ganze voraus.*

Es kann kein Zweifel daran bestehen, dass die für das Geistesleben fruchtbaren Entscheidungen die evolutiven sind, d. h. diejenigen, bei denen nicht alles im Einzelnen festgelegt wird. Die Ausführung ist dann mit einem Gestaltungsauftrag verbunden. Oft werden jedoch solche Entscheidungen gefällt, die ein bestimmtes Ergebnis festlegen, weil das Vertrauen in die Kollegen fehlt. Man möchte den Prozess bis zum Ende in der eigenen Hand behalten. – Zur Entscheidung gehört auch die Formulierung. Manchmal fällt eine Entscheidung, und nach Monaten stellt sich heraus, dass jeder sie etwas anders versteht und verwirklicht. Die Formulierung der Entscheidung, wie sie dann protokolliert und mitgeteilt wird, muss deshalb eindeutig und vollständig sein.

- **Gestalten**

Das Entscheidende kommt erst nach der Entscheidung: Das Vorhaben wird durchgeführt. Wie oft hört man Klagen, dass Entscheidungen fallen, die so gar nicht realisierbar sind und deshalb im Sande verlaufen. Es gibt aber auch Fälle, wo nach gefällter Entscheidung, vielleicht nach monatelanger Vorarbeit, einfach niemand an die Realisierung geht. Und es gibt drittens Entscheidungen, die sind schon angemessen, aber die Verhältnisse verändern sich *danach*, und dann müssen auch diese Entscheidungen neu überdacht werden. Auch deshalb ist der Entschluss nicht das Ende der Beratung, sondern der Anfang eines eigenen Gestaltungsprozesses. Der beginnt schon damit, dass die Entscheidung bekannt gemacht wird. Dann muss man sie nachhalten und begleiten und in Einzelfällen evtl. Realisierungshilfen geben. Dazu bedarf es eines Ansprechpartners.

---

[86] R. Steiner, 1917, S. 373

- **Verantworten**
  Wer am Entschluss beteiligt ist, verantwortet ihn auch. Und umgekehrt: Wer verantworten will, muss am Entschluss und seinen Vorläufen teilnehmen. Es gilt ja, sich mit dem Ganzen des Schulorganismus zu verbinden. Die Verantwortung betrifft das Vorgehen (Prozessverantwortung) ebenso wie die einzelnen Ergebnisse (Ergebnisverantwortung). Die getroffenen Entschlüsse und ihre Durchführung sind nach innen und außen zu vertreten. Die Auskunft „die Konferenz hat beschlossen..." ist eine Leerformel. Natürlich kann man sich nicht einfach über den Entschluss einer Konferenz hinwegsetzen, aber man darf erwarten, dass er erläutert und von den Beteiligten verantwortet wird. An dieser Stelle hat so mancher seine Erlebnisse.

Ganz entscheidend ist die Identifikation mit dem, was getan wird, sowohl im Einzelnen als auch im Ganzen. Dabei entsteht vielfach ein strukturelles Problem. Wenn alles im großen Kreis entschieden wird, stellt sich die Frage, ob die Einzelnen das Geschehen auch verantworten können und wollen.[87] Dies wäre aber die Voraussetzung für Entschlüsse im großen Kreis. Gegen Beschlussfassungen in einem kleinen, dafür benannten Kreis regt sich oft Widerstand. Da man nicht genügend Vertrauen in die anderen hat, ist man lieber selbst dabei, wenn etwas entschieden wird. Das gilt nicht so sehr für die Beratung: Gedanken machen dürfen sich die anderen ruhig ohne mich. Aber bei der Entscheidung möchte ich dabei sein. – Eine solche Haltung trägt viel bei zu den aktuellen Schwierigkeiten in der kollegialen Selbstverwaltung. Andererseits darf darauf hingewiesen werden, dass durch individuelle Begegnung, Transparenz und Beratung ohne zusätzliche Maßnahmen ein Vertrauensmilieu aufgebaut werden kann, das es dann auch erlaubt, Entscheidungen auf kleine Gruppen und sogar auf Einzelne zu verlagern.

Dass wenige oder gar Einzelne die Geschicke der Schule verantworten, klingt für manche Ohren bedenklich. Aber bedenklich ist es nur auf den ersten Blick. Denn es wird ja vorausgesetzt, dass diese Einzelnen sich bereits mit dem ganzen Prozess identifizieren (Prozessverantwortung),

---

[87] M. Wienert, 2003, S. 38-42

dass versucht worden ist, möglichst alle Betroffenen zu Beteiligten zu machen, dass jeder zu jedem Zeitpunkt Bescheid wusste, worum es geht, dass die Beratungsbemühungen und ihre Ergebnisse offen liegen usw. (Transparenz). Wer dann eine Entscheidung trifft, die gegen das Votum einiger Kollegen geht, ist sich darüber klar und wird die Betroffenen unter Umständen vorher darauf ansprechen. Und oftmals wird auch in solchen Fällen ein Verständnis erzielt, denn es ist ja auch denen, die anderer Ansicht waren, nicht gelungen, eine Lösung vorzuschlagen, die *sämtliche* Probleme aus dem Weg räumt. Wenn gegen mein Votum entschieden wird, ich aber genau weiß, wie alles gelaufen ist, entsteht sehr viel weniger Emotion als dann, wenn ich mit einsamen Entscheidungen anderer konfrontiert werde, deren Zustandekommen ich nicht durchschaue. – Vielleicht muss man sich an den Gedanken noch gewöhnen: Entscheidungen durch Einzelne sind keine einsamen Entscheidungen, wenn sie dialogisch verlaufen. Es ist dabei an alles gedacht worden (dafür kann ja jeder bei dem Beratungsprozess selbst sorgen). Entscheidungen durch Einzelne sind verantwortete Entscheidungen. Man hat jemanden, an den man sich halten kann. Natürlich ist eines sicher: Wer nicht dialogisch vorgeht, spielt bei der Entscheidung Macht aus. Aber das kann ja durch ein von allen gewolltes dialogisches Milieu verhindert werden. Umgekehrt gilt: Wenn es dialogisch zugeht, ist es nicht wichtig, *wer* entscheidet. Man braucht keine bestimmten Strukturen dazu. Und wenn es *nicht* dialogisch zugeht, dann nützen die besten Strukturen nichts.

Zusammenfassend könnte man sagen: Der Prozess des Entschlusses umfasst folgende Tätigkeiten:

- Überschauen: Ich überblicke die Situation.
- Entscheiden: Ich stehe dahinter.
- Gestalten: Ich mache das Anliegen zu meiner Sache.
- Verantworten: Ich übernehme für das Einzelne wie für das Ganze die Verantwortung.
  Verantwortung ist das Entscheidende beim Entschluss. Wer nicht verantworten will oder kann, hat beim Entschluss nichts zu suchen.

*

Auch beim Entschluss kann es Entwicklungen geben, die zum Gegenteil des Wünschenswerten führen. Auf der einen Seite ist das dann der Fall, wenn so etwas wie Automatismus oder *Systemzwang* auftritt. Das beginnt schon dann, wenn statt der freien Überschau vor der Entscheidung die Dinge so dargelegt werden, dass sie Vorentscheidungen gleich kommen. Die Entscheidung selbst kann missbraucht werden zur „Anwendung" allgemeiner Gesichtspunkte (Prinzipien) oder durch formalisierte Mehrheitsentscheidung. In beiden Fällen hat man es schwer, sich damit individuell zu verbinden. An die Stelle konkreter Ausgestaltung kann Modelldenken treten: Ein Entwurfsmodell wird durchgeführt ohne Rücksicht auf die besondere Situation und ohne Rücksicht auf Leistbarkeit durch die Beteiligten. Und schließlich gibt es noch etwas, das ich die „Kollektivierungsfalle" nenne: Die Verantwortung wird nicht vom Einzelnen übernommen, sondern auf das System oder „die Konferenz" abgeschoben und dadurch anonymisiert.

Was Systemzwang auf der einen Seite bewirkt, bewirkt *Willkür* auf der anderen: Sie beginnt mit der selektiven Wahrnehmung der Tatsachen statt mit umfassender Überschau. Bei der Entscheidung selbst sind Vorteilsgesichtspunkte leitend: die Gestaltung ist auf die eigene Person ausgerichtet; an Stelle der Verantwortung für das Ganze tritt persönliche Machtausübung.

Beide Arten der Abweichung haben gravierende Folgen: Sie lassen die Individualitäten nicht zum Zug kommen und sie stehen nicht im Dienst des Ganzen. Andererseits sind sie mit einiger Menschenkenntnis leicht zu durchschauen.

Will man sich die Fehler vor Augen führen, die bei der Entschlussfassung gemacht werden können, so sind es vor allem die folgenden:

- Voreilige Beschlüsse,
  bei denen der Beratungsprozess noch nicht abgeschlossen war;
- Planungsbeschlüsse,
  bei denen die Ergebnisse bis ins Einzelne festgelegt sind;

- Teilentschlüsse:
  Detailfragen werden „endgültig" entschieden, bevor das Ganze im Blick ist. Dann kann es sein, dass sie ins Ganze nicht hineinpassen;
- Beschlüsse im großen Kreis,
  hinter denen kaum jemand wirklich steht, weil ihnen nicht die Willensentschlüsse der Einzelnen zugrunde liegen.

Einmütigkeit?

Eine häufig besprochene Frage ist die, ob Beschlüsse „einmütig" sein können und sollen. Zunächst einmal: Einmütigkeit ist nicht Einstimmigkeit. Wer Einstimmigkeit in der Satzung festlegt (es geschieht selten, aber ich habe es schon erlebt), der öffnet den Despoten und Querulanten Tür und Tor. Denn jeder Einzelne kann sagen: So geht es nicht! Warum geht es so nicht? Weil ich nicht einverstanden bin (auch das habe ich schon erlebt). Hier wird man sich klar sein müssen: Eine Satzung kann das freie Geistesleben überhaupt nicht wirklich beschreiben und schon gar nicht regeln. Sie kann nur als Sicherheitsnetz dienen für den bedauerlichen Fall, dass das Geistesleben einmal nicht funktioniert und man die Dinge auf dem Boden des Rechtslebens austragen muss. Stürzt der Trapezkünstler unter der Zirkuskuppel trotz aller Kunstfertigkeit doch einmal ab, so ist er froh, wenn unten ein Netz gespannt ist. Aber der Trapezakt ist in diesem Moment zu Ende. So ist auch das freie Geistesleben „abgestürzt", wenn es sich der Sicherheiten des Rechtslebens bedienen muss. Und doch sollte in Form von Satzungsbestimmungen für diesen Fall vorgesorgt sein. Dazu ist es sicher sinnvoll, eine Mehrheitsentscheidung mit einem Quorum festzulegen. – Die andere Frage ist aber, wie Einmütigkeit im Sinne des Geisteslebens wirklich zustande kommen kann. Ein Konsens der Meinungen (siehe oben im Kapitel „Moderation") wäre eher verwunderlich und ist nicht zu erwarten. Einmütigkeit kann auch entstehen durch Anerkennung des anderen: wenn ich z. B. zustimme, dass ein anderer *seine* Dinge auf *seine* Art und Weise macht. Meine Zustimmung hängt dann nicht davon ab, ob der andere so handeln will, wie ich es für richtig hielte, sondern davon, ob der Vorschlag des anderen sachbezogen und zukunftsträchtig ist – und ob er der Durchführung gewachsen sein wird. Umgekehrt wäre es töricht, meine vielleicht wirklich bessere Idee durchsetzen zu wollen, wenn sie die Ausführenden überforderte. Das alles setzt Vertrauen in den anderen voraus – und daran scheitert der Konsens nicht selten. Konsens durch Vertrauen hat nichts zu tun mit laisser-faire. Ich bleibe dafür verantwortlich, dem eigenständigen Handeln des anderen zugestimmt zu haben. – Zu einer Einmütigkeit dieser Art kommt es umso leichter, je bewusster der geistige Impuls, der den Handlungen der Einzelnen zugrundeliegt, in der Gemeinschaft lebt (siehe oben im Kapitel „Das unternehmerische Element" ...). Wenn eine Konferenz als Interessenvertretung missverstanden wird, dann ist ohnehin kein Konsens zu erwarten, sondern höchstens ein Kompromiss. – Alles in allem: Ob „Einmütigkeit" erreicht werden kann, hängt von der geistigen Kultur des Kollegiums ab. Wenn jeder nur seine eigenen Belange im Blick hat, braucht man sich um Einmütigkeit nicht erst zu bemühen.

Dass „Einmütigkeit" etwas mit „Mut", also Willensentfaltung, zu tun hat, wurde mir an einem leicht absurden Erlebnis klar. Ich war von dem Kollegium einer Schule zu einem Ganztagesseminar eingeladen. Als ich anreiste, musste der Kollege, der das Seminar organisiert hatte, bekennen, dass nur zwei bis drei Kollegen teilnehmen würden. Ihm war das Ganze natürlich sehr peinlich. – Was war geschehen? Die Entscheidung, mich einzuladen, war naturgemäß viele Monate vorher im Gesamtkollegium gefallen, und zwar einstimmig. Alle waren dafür, keiner dagegen. Aber es war offensichtlich eine theoretische bzw. auf Meinungen gestützte Einstimmigkeit. Man war dafür, dass dieses Seminar stattfindet, das allerdings nur Sinn machte, wenn alle oder fast alle Kollegen daran teilnehmen würden. Die eigene Teilnahme hatten die Einzelnen dabei aber nicht mit-beschlossen.

*

In jedem Entschluss sind die anderen dialogischen Prozesse präsent:
- Begegnung:
Der Entschluss rechnet mit den menschlichen Situationen und Konstellationen, nicht nur mit Sachverhalten.
- Transparenz:
Es muss *alles* berücksichtigt sein, auch das Fehlende oder Mangelhafte!

- Beratung:
 Je nachdem, wie kräftig in der Beratung der geistige Impuls gelebt hat, fällt der Beschluss aus. Entweder er ist impulsiv, voller Liebe zur Tat. Oder er ist resignativ; man entscheidet sich für das kleinste Übel, um die Sache endlich abzuschließen.

Im Entschluss werden die anderen drei Prozesse zum Ausgleich gebracht und mit dem eigenen Schicksal verbunden.

Delegation als verabredete Eigentätigkeit

Wo weder Ämter-gestützte noch basisdemokratische Entscheidungen wünschenswert sind, bietet sich im Zeitalter der Arbeitsteilung das System der „Delegation" an: einige Wenige (auch Einzelne) werden für einen bestimmten Tätigkeitsbereich beauftragt und dazu mit Entscheidungsbefugnis versehen. Immer mehr Schulen sind in den letzten Jahren zu einem solchen Delegationswesen übergegangen, da die Fülle der Aufgaben anders nicht zu lösen war. Wo ein kleiner Schulführungskreis gebildet wird, handelt es sich bereits um eine solche Delegation, außerdem auch bei Finanzkreisen, Personalkreisen, Deputatbeauftragungen usw. Es handelt sich also keineswegs um Aufträge zur Durchführung vorher festgelegter Tätigkeiten, sondern darum, dass die Mitglieder einer Delegation ihre ganze Kreativität, Umsicht und Verantwortlichkeit im Sinne des Ganzen in ihr Aufgabengebiet einbringen. Wo Bedenken gegen das Delegationswesen bestehen, entspringen sie wohl zumeist der Befürchtung, dass auf diesem Wege einsame Entscheidungen getroffen werden könnten und überhaupt der kollegiale Zusammenhang leide.

Wie Delegationen im Einzelnen gehandhabt werden, dazu gibt es inzwischen eine Fülle von Möglichkeiten. Hier sei nur auf einige Punkte hingewiesen, die sich bewährt haben im Hinblick auf die Effizienz des Handelns und auch im Hinblick auf die Vertrauensbildung innerhalb des Kollegiums.

Wieviele Teilnehmer einer Delegation angehören, kann prinzipiell offen bleiben. Wenn beachtet wird, was zu den dialogischen Prozessen gesagt wurde, dann ist es sogar ungefährlich, einen Einzelnen mit einer Delegation zu beauftragen. Mehr als drei Teilnehmer sind unpraktisch: sie werden nur selten Gelegenheit haben, sich alle gleichzeitig zu treffen. Und schließlich: zwei sind besser als drei, denn sie müssen keine Gesprächstermine vereinbaren, um ihrer Aufgabe nachzugehen. Sobald man sich begegnet – in der Pause, im Treppenhaus, beim Kaffeetrinken – kann man sich verständigen. Notfalls auch telefonisch.

In einer Schule hat sich über viele Jahre hin folgendes Verfahren gut bewährt: für jede Aufgabe wird ein Delegationsträger ernannt, der sich danach noch zwei weitere Mitarbeiter aussucht. Wenn die Dreiergruppe gebildet ist, wird sie vom Gesamtkollegium bestätigt.

Wichtig ist eine genaue Aufgabenbeschreibung: Was soll die Delegation leisten, wo liegen ihre Kompetenzen und deren Grenzen? Wichtig ist auch eine allgemeine und laufende Mitteilungspflicht im Sinne der Transparenz: Eine Delegation gibt in regelmäßigen Abständen Verlauf und Ergebnisse ihrer Tätigkeit bekannt. Sie kann außerdem jederzeit in der Konferenz um Auskunft im Ganzen oder im Detail gebeten werden. – Die Delegation ist verpflichtet, vor ihren Entscheidungen Beratung durch die anderen Mitglieder des Schulorganismus zu suchen (passive Beratungspflicht). Sie wird, wie dies oben für den Prozess des Entschlusses beschrieben wurde, keine weitreichende Entscheidung treffen, ohne dass alle Gelegenheit hatten, ihre Ideen einzubringen. Das muss nicht im großen Kreis geschehen, sondern es können zu einer solchen Beratung die jeweils Interessierten eingeladen werden. Schon dadurch wird die Effizienz des Ganzen gesteigert. – Vor weitreichenden Beschlüssen wird allen die Beschlussvorlage bekanntgegeben, mit der Möglichkeit, sich hierzu zu äußern, wenn sie wollen. Der Beschluss wird jedoch innerhalb der Delegation gefasst.

Auf diese Weise wird das gesamte Kollegium intensiv eingebunden. Überfallartige, einsame Beschlüsse sind nicht zu befürchten. Wenn sie trotzdem aufträten, müssten sie als Verfahrensfehler gerügt werden.

Die Bildung von Delegationen beruht in hohem Maße auf dem Vertrauen zu den einzelnen Kollegen. Hier sollte mit Sorgfalt vorgegangen werden. Dabei können auch „demokratische" Verfahren sinnvoll sein. Die Beauftragung der einzelnen Kollegen in schriftlicher Abstimmung vorzunehmen, ist keineswegs übertrieben. Sollten dann – auch das ist schon vorgekommen – unerwartet viele Gegenstimmen auftreten, hätte der betreffende Kollege noch einmal Gelegenheit zu überdenken, ob er die Delegation wirklich übernehmen will – selbst wenn die „Mehrheit" dafür war – oder ob es ihm gelingt, die Bedenken kennenzulernen und auszuräumen. Es geht hier also nicht um Kampfabstimmungen, sondern um die Äußerung von Bedenklichkeiten, die – aus welchem Grund auch immer – in offener Runde nicht so leicht zur Sprache kommen. Wenn eine Berufung mit keinen (oder wenig) Gegenstimmen stattfindet, kann man jedenfalls sicher sein, dass keine gravierenden Vertrauensprobleme vorliegen.

Sinnvoll ist es auch, den Aufgabenbereich und die Amtszeit der Delegation im großen Kreis zu bestimmen und diesen Beschluss festzuhalten. „Amtszeit" bedeutet: die Delegation kann nicht vor deren Ablauf abberufen werden. Sie hat jedoch danach Rechenschaft abzulegen.

Die Entscheidungsbefugnis der Delegation ist besonders wichtig. Dadurch wird verhindert, dass die Arbeit der Delegation im großen Kreis noch einmal von vorne diskutiert wird (wie das in der Vergangenheit oft geschah). Dann wäre das Delegationsprinzip als solches sinnlos. – Wer hier eine zusätzliche „Sicherheit" einbauen will, kann ja in seine Delegationsordnung die Bestimmung aufnehmen, dass Beschlüsse einer Delegation vom Gesamtkollegium mit Zweidrittelmehrheit (o. ä.) in einer bestimmten Frist (14 Tage?) widerrufen werden können. Es kann also auch in diesem Falle nicht an dem Entschluss der Delegation „herumverbessert" werden, er kann nur insgesamt abgelehnt werden, was in der Regel mit dem Rücktritt der Delegation verbunden sein wird. Das Ganze muss dann noch einmal und von anderen gemacht werden. – Einen solchen Passus aufzunehmen, dürfte von wenig praktischer Bedeutung sein, aber er beruhigt diejenigen, die Befürchtungen hegen, wenn sie an dem einen oder anderen Beschluss nicht mehr selbst beteiligt sind.

Arbeitsteilung durch das Delegationswesen bedeutet nicht, dass die Verantwortlichkeit jedes Einzelnen für das Gesamte aufgehoben wäre. Wenn irgendwo ein Mangel oder Missstand auftaucht, der (natürlicherweise) in den Aufgabenbereich einer Mandatsgruppe fällt, kann ich nicht darüber hinweggehen, als ginge er mich nichts an. Jedes Mitglied des Kollegiums behält in solchen Fällen die Pflicht, sich entweder direkt an die

Mandatsträger zu wenden oder, so vorhanden, an den Schulführungskreis, der dann eine Klärungs- und Eingriffspflicht hat, wenn die Delegation selbst nicht tätig wird. Für die an der Schule engagierten Eltern gilt im übrigen dasselbe: Wer einfach zuschaut, macht sich mitschuldig. Hier gilt gegenüber einer Mandatsgruppe die aktive Beratungspflicht jedes Einzelnen – die notwendige Transparenz vorausgesetzt.

Wichtig ist auch, wie eine Delegation nach Ablauf ihrer „Amtszeit" vom Gesamtkollegium entlastet wird. Man wird ihren Bericht entgegennehmen und kann danach z. B. über die Fruchtbarkeit ihrer Entschlüsse, die Transparenz ihrer „Amtsführung" und ihre aktiven und passiven Beratungsqualitäten (Produktivität und Empfänglichkeit) sprechen. Solche Gespräche, die ja nur alle zwei, drei oder vier Jahre stattfinden werden, dürften für eine kollegiumsinterne „Fortbildung" in Selbstverwaltungsfragen von einiger Bedeutung sein.

*

Vielleicht ist aus den bisherigen Darstellungen deutlich geworden, dass der Ansatz der dialogischen Prozesse eine innere Umwendung gegenüber den Denk- und Lebensgewohnheiten unserer Zeit bedeutet:

- Begegnung geht von der geistigen Individualität des Menschen aus und versucht, sie in den Ausprägungen der Persönlichkeit aufzusuchen und durch-scheinen zu lassen.

- Transparenz geht von der Gesamt-Situation aus, nicht von Ausschnitten, begrenzten (linearen) Kausalitäten oder vorgefassten Denkmustern. Sie versucht, die Einzelheiten in ihrem Zusammenhang zu erfassen und im Einzelnen das Ganze zu finden.

- Beratung versucht, vom geistigen Ursprungsimpuls der Schule aus die täglichen Situationen zu gestalten. Sie strebt nach Ideen nicht nur deshalb, weil man damit bereits aufgetretene Probleme lösen kann.

- Das Entschluss-Wesen lebt in der individuellen Verantwortlichkeit für das Ganze der Schule. Es dient nicht der Selbstverwirklichung der Einzelnen und vermeidet Automatismen.

Alle vier Umwendungen beruhen auf bewussten Leistungen des Ich. Sonst treten sie nicht ein. Im Übrigen beruht die Waldorfpädagogik als solche auf denselben inneren Qualitäten:

1. Erziehung ist Menschen-Begegnung und damit ein Tor zur Welt des Seelenlebens.
2. Erziehung dient dem Kennenlernen von Wirklichkeit und ist damit Tor zur natürlichen Welt.
3. Erziehung ist Anregung zum eigenen Denken und erschließt die geistige Welt.
4. Erziehung befähigt zum eigenständigen Handeln und konstituiert die Welt des Sozialen.

So liegen den Erziehungszielen dieselben inneren Umwendungen zugrunde wie dem Umgang der Erwachsenen untereinander – Waldorfpädagogik und Selbstverwaltung hängen nicht zufällig eng zusammen.

Zwischenruf:
Sind die dialogischen Prozesse überhaupt realisierbar?

Das vorstehende Kapitel ist das längste des Buches geworden, um möglichst konkret in einzelne Erscheinungsformen der Prozesse eindringen zu können. Im Hinblick auf deren Realisierung kann man im Rückblick wieder mehrere Ebenen unterscheiden:

1. Maßnahmen

    Die Beschreibung der einzelnen Prozesse enthielt jeweils verschiedene Maßnahmen. Man kann sich gemeinsam klarmachen, worum es im Einzelnen geht – aber tätig werden muss dann jeder selbst. Das setzt voraus, dass er es will. Auch hier sind wir wieder an einer entscheidenden „Wahrheit" der Selbstverwaltung angelangt: Selbstverwaltung gelingt nur, wenn und soweit sie individuell gewollt wird. Der individuelle Impuls kann nicht durch gebahnte Verfahrenswege ersetzt werden.

2. Fähigkeiten

    Worauf kommt es bei den angesprochenen Erkenntnisbemühungen und Willenswegen an? – Man kann hier vier umfassende Fähigkeitsbildungen sehen:

    - Individualität verstehen

        Es kommt darauf an, die geistige Individualität des Menschen von seiner subjektiven Persönlichkeit zu unterscheiden und diese Unterscheidung handhaben zu lernen. Dann kann man beidem, der Individualität ebenso wie der Person, gerecht werden. Dies aber ist eine Anforderung, die ohnehin in der Pädagogik der Waldorfschule liegt. Ohne sie kann man wohl kaum Waldorfschullehrer im eigentlichen Sinne sein. In der Selbstverwaltung gilt es, diesen zentralen Gesichtspunkt auf den Umgang mit sich selbst und mit den Kollegen, Eltern usw. auszudehnen. Dazu enthielten die dialogischen Prozesse einige Vorschläge.

    - Urteilsbildung

        Wirksame Zusammenarbeit kann nur gelingen, wenn man unbewusste mentale Modelle und subjektive Meinungen von bewusst gefassten Erkenntnisurteilen zu unterscheiden vermag. Dies wurde oben unter „Transparenz" beschrieben.

- Ideenbildung
"Im Fahrwasser der Idee zu leben" ermöglicht, sich mit dem geistigen Impuls der Schule lebendig zu verbinden, die eigenen schöpferischen Fähigkeiten einzubringen und sich mit den anderen Beteiligten in gegenseitigem Verständnis zu begegnen. Hier gilt es, sich die Grundlagen für den Umgang mit Ideen zu verschaffen. Worin diese Grundlagen bestehen können, wurde im vorstehenden Kapitel zumindest angedeutet.

- Initiative
Es geht nicht nur darum, die geistige Individualität des anderen Menschen zu verstehen, sondern auch darum, aus der eigenen Individualität heraus zu handeln. Und das heißt: aus sich selbst heraus, in Freiheit und in Verantwortung für das Ganze. Wie sich der Einzelne diese Fähigkeiten erwirbt und wie die so befähigten Einzelnen dann zu einem gemeinsamen Ganzen zusammenfinden, sind zwei Seiten derselben Medaille. Auch darüber wurde im vorausgehenden Kapitel gesprochen.

3. Kulturbildung

Alle die soeben erwähnten Grundfähigkeiten in der Selbstverwaltung betreffen keineswegs nur die Mitwirkenden in der Waldorfschule. Es sind Grundfähigkeiten des Menschen in der gegenwärtigen Zeit. Wer sich ihnen verweigern wollte, würde innerlich aus dem Zeitalter aussteigen. Diese Eigenschaften, Haltungen und Fähigkeiten werden seit einigen Jahrzehnten von vielen Autoren beschrieben und von vielen Tätigen gelebt. Dabei treten auch die Gegenkräfte immer deutlicher vor Augen: Selbstbezogenheit im Erkennen, Betroffenheit im Fühlen und Selbstverwirklichung als Handlungsziel. Durch diese Haltungen isoliert man sich von den anderen Menschen und von der Wirklichkeit.

Insofern ist die Selbstverwaltung der Waldorfschulen heute eine Angelegenheit von öffentlichem Interesse. Was früher als Waldorf-spezifisch galt, wird heute mehr und mehr auch von anderen gesucht. Die Waldorfschulen haben, historisch gesprochen, einige Jahrzehnte Vorsprung in dieser Bemühung. Dies wird im Schlusskapitel des Buches noch einmal aufgegriffen.

Auf die Kulturbildung ist auch aus anderem Grunde ein besonderer Wert zu legen. Sie entsteht ja zunächst aus den Bemühungen Einzelner. Aber in dem Maße, in dem diese Bemühungen geistig milieubildend wirken, wirkt dieses Milieu auf die einzelnen Situationen zurück, bettet sie ein und fördert sie.

Spätestens an dieser Stelle wird es deutlich, dass nicht nur das Kollegium im engeren Sinne, sondern auch die Eltern und der Umkreis der Schule in diese Bemühungen einzubeziehen sind. Sie alle nehmen teil am freien Geistesleben. Davon handelt das nächste Kapitel.

Voneinander lernen:
die Partnerschaft zwischen Eltern und Lehrern

Neben dem Kollegium sind auch die Eltern in spezifischer Weise am Schulganzen beteiligt. Auch für sie gelten die geistigen Grundlagen der Selbstverwaltung:

1. Wie stehen Eltern in der Ganzheit der Schule darin? Inwiefern ist die Entstehung des Ganzen im Prozess auch von der Mitwirkung der Eltern abhängig?
2. Welche individuellen Leistungen gehen von den Eltern aus?
3. Wie beteiligen sich Eltern am geistigen Impuls der Schule? Inwiefern kommt es auch bei der Mitwirkung der Eltern auf geistige Produktivität und freie Empfänglichkeit an?
4. Welche Beschlussfassungen erfordern die formale Mitwirkung von Eltern?

Hierzu gibt es spezifische Beobachtungen. Beginnen wir mit dem, woran sich oft Auseinandersetzungen entzünden:

Wechselseitige Klagen

Die angestrebte Partnerschaft zwischen Eltern und Lehrern dokumentiert sich nicht selten vor allem dadurch, dass man übereinander Klage führt. Im Laufe der Zeit fiel mir bei den Begegnungen in verschiedenen Schulen auf, dass diese Klagen immer wieder dasselbe zum Inhalt haben. Schon insofern lohnt es sich vermutlich, sie einmal ernst zu nehmen. Etwas später fiel mir dann noch auf, dass die Klagen von Lehrern über Eltern und von Eltern über Lehrer sich gegenseitig entsprechen – ein sehr interessantes Phänomen. Da scheint nicht einfach nur ein zwischenmenschliches Problem zu Grunde zu liegen. – Es sind nach meiner Beobachtung vor allem vier verschiedene Arten von Klagen, die man wechselseitig übereinander führt. Sie zur Kenntnis zu nehmen birgt die Chance einer grundlegenden Verbesserung der Zusammenarbeit. Die Klagen seien deshalb hier einmal zusammengefasst.

1. Eltern klagen über Lehrer, sie würden nicht ernst genommen, sondern als Kollektiv behandelt; der Einzelne gelte nur als Exemplar seiner Gruppe („*die* Eltern") – Lehrer beklagen sich über Eltern, dass diese immer nur Forderungen stellen oder mit Zumutungen kommen und nicht berücksichtigen, dass auch der einzelne Lehrer nur ein Mensch ist, überlastet und unter Umständen mit Privatproblemen behaftet. – Stellt man beides nebeneinander, so stellt sich sofort eine Entsprechung heraus. Man beklagt sich wechselseitig darüber, von den jeweils anderen *nicht individuell ernst genommen* zu werden.

2. Eltern beklagen sich darüber, sie würden ausgegrenzt, erführen nichts, seien auf Gerüchte angewiesen, wenn sie im Schulleben überhaupt etwas Wichtiges mitbekommen wollten. Dieser unter den gegebenen Umständen unvermeidliche Einstieg in die Gerüchteküche werde ihnen dann noch zum Vorwurf gemacht. – Lehrer beklagen sich über Eltern dahingehend, dass diese immer nur ihr eigenes Kind sähen und sich nur meldeten, wenn sie unzufrieden seien – bis hin zur Opposition, zu Parkplatzgesprächen (gefürchtet nach Elternabenden) oder Elternstammtischen. – Auch wenn man diese beiden Klagen nebeneinander hält, zeigen sie etwas Gemeinsames: Es *fehlt der jeweilige Blick auf das gemeinsame Ganze*, den Schulorganismus.

3. Eltern beklagen sich: Wenn Lehrer einmal wirklich von sich aus auf sie zukämen, dann entweder mit Belehrungen oder mit Forderungen. Die Belehrungen zeigten nicht selten eine relativ platte, manchmal dogmatische Form und einen auf Schlagwörter reduzierten „Waldorfhintergrund", der nicht wirkliche Einsichten vermittelt. In diesem Zusammenhang wird auch oft ein Desinteresse der Lehrer an einer Zusammenarbeit mit den Eltern beklagt: Sie erschienen nicht zu gemeinsamen Arbeitskreisen, ließen sich in einem „Eltern-Lehrer-Kreis" bestenfalls von Einzelnen vertreten usw. – Lehrer klagen darüber, dass Eltern wenig Verständnis oder auch gar kein Interesse an der Waldorfpädagogik hätten. Sie suchten eigentlich nur eine möglichst optimale Anpassung an staatliche Leistungsanforderungen, also gute Abschlüs-

se und weniger Stress für ihre Kinder. – Auch diese beiden Seiten von Klagen haben etwas Gemeinsames: Es wird wechselseitig ein aktives *Verhältnis zur „Waldorfidee"* vermisst.

4. Eltern stellen fest, wenn sie einmal mit jemandem über eine Richtungsentscheidung des Kollegiums sprechen und deren Hintergründe erfahren wollen: dass sie dann unter Umständen keinen wirklichen Gesprächspartner finden. Die einen „waren nicht dabei", die anderen „waren auch dagegen, sind aber überstimmt worden". Eine dritte (seltener zu beobachtende) Gruppe steht deutlich bemerkbar nicht hinter dem Konferenzbeschluss, stellt sich aber aus Solidarität davor – auch kein satisfaktionsfähiges Gegenüber! Andere verweisen einfach auf den „Kollegiumsbeschluss", über den nicht mehr zu reden sei. Dieses Erlebnis hat, wie schon berichtet wurde, einmal jemand so ausgedrückt: „Manchmal weiß man gar nicht mehr: Wer ist eigentlich die Schule?" Es wird also ein Mangel an Identifikation mit dem Ganzen beklagt. – Fast mit denselben Worten kann man das auch von der anderen Seite hören. Lehrer werfen Eltern vor, sie identifizierten sich nicht genügend mit ihrer Schule und mit der Pädagogik. – Gemeinsame Klage also: *Fehlende Identifikation mit dem Ganzen*, dem man angehört.

Lässt man diese wechselseitigen Klagen auf sich wirken, so bekommt man schnell den Eindruck, dass möglicherweise die Gemeinsamkeiten größer sind als die Unterschiede! Es wäre vermutlich nicht schwer, über diese Klagen und ihre etwaige Berechtigung zu diskutieren. Wieviel davon aber beruht gar nicht auf Wahrnehmungen, sondern auf Vorurteilen? Immer dann, wenn über „*die* Lehrer" oder „*die* Eltern" gesprochen wird, ist das mit Sicherheit falsch! Der Hauptfehler dabei ist der, dass der einzelne Mensch zum Repräsentanten eines Kollektivs gemacht wird, das als solches nur der eigenen Einbildungskraft entspringt. *Die* Eltern oder *die* Lehrer gibt es nicht![88] Die strikte Abgrenzung wird im Kopf gezogen, nicht in der Wirklichkeit. Sie entspricht einem „mentalen Modell" (s. o.). Wer auf dieser Basis agiert, befindet sich im Gefängnis seiner eigenen Vorstellungen: Man sieht irgendwelche Eigenschaften in

---

[88] Siehe dazu auch: K.-M. Dietz, 2002

den anderen hinein, statt ihn individuell wahrzunehmen. – Fragen wir uns stattdessen lieber nach dem Gemeinsamen in den Aufgaben und Anliegen von Eltern und Lehrern.

Eltern: freie Partner der Lehrer bei der Erziehung. Die Intentionen Rudolf Steiners

Die gemeinsame Aufgabe von Eltern und Lehrern hebt Rudolf Steiner seit Gründung der ersten Waldorfschule immer wieder hervor. Es geht ihm darum, dass Eltern und Lehrer partnerschaftlich zusammenarbeiten. „Unsere Lehrer sind durchaus darauf angewiesen, dieses vertrauensvolle Zusammenwirken mit den Eltern der Kinder zu finden."[89] Erziehung und Unterricht in der Waldorfschule sind von vornherein „hingeordnet auf ein Zusammenarbeiten mit dem Elternhause", das insbesondere bestehen muss aus einem „Zusammenfühlen, Zusammenempfinden und Zusammendenken"[90].

Die freie Partnerschaft zwischen Lehrern und Eltern ist eine unabdingbare Voraussetzung für den Bestand der Schule und für die „Schlagkraft" der Waldorfpädagogik. Diese „Schlagkraft" ist, so Rudolf Steiner, nur mit Hilfe der Eltern zu erzeugen. Das bedeutet nicht etwa, dass die Eltern die Pädagogik nach außen verteidigen, politischen Druck bei den Behörden machen oder dergleichen. Sondern die „Schlagkraft" besteht im Verstehen dessen, was da geschieht. Steiner macht dabei hinreichend deutlich, dass es um ein wirkliches „Verständnis" der Eltern für die Waldorfpädagogik geht, nicht darum, ihnen irgendetwas zu erzählen, das sie dann glauben sollen. Auf die geistige Autonomie der Eltern legt er großen Wert. Autoritätsglaube ist ausdrücklich ausgeschlossen.[91] Die Partnerschaft spricht sich z. B. aus in einer Gegenseitigkeit, die Synergie erzeugt. An Elternabenden sollen die Eltern ihre Vorstellungen über die Erziehung ihrer Kinder vortragen und die Lehrer umgekehrt aus der Schule berichten, aus ihren Klassen und von den Gründen ihres pädagogi-

---

[89] R. Steiner, 13.1.1921, S. 68; siehe K.-M. Dietz, 2002, S. 15; vgl. ebenda S. 19, 20, 29
[90] R. Steiner, 1.6.1924, S. 208; siehe K.-M. Dietz, 2002, S. 30
[91] Näheres bei K.-M. Dietz, 2002, S. 24

schen Handelns: „Man hört als Lehrer das, was sich die Eltern vorstellen über die Erziehung der Kinder; und die Eltern hören – es wird bei uns auch immer mit einer großen Ehrlichkeit und Unverhohlenheit gesprochen –, was in der Schule vorgeht, wie man über die Erziehung und über die Zukunft der Kinder denkt ..."[92] Der Lehrer ist für die Erziehung angewiesen auf die Eltern, die ihre Kinder umfassender kennen.[93] Das Echo der Eltern gibt dem Lehrer seine Orientierung. Es ersetzt die andernorts üblichen pädagogischen Programme und die Vorgaben durch die Schulbehörde. Überhaupt sind die Elternhäuser für die Lehrer so etwas wie eine Schnittstelle zur gesellschaftlichen Wirklichkeit.[94] Dazu ist gegenseitiges Vertrauen nötig. Rudolf Steiner legt großen Wert darauf, dass sich die einzelnen Lehrer und die einzelnen Eltern als Menschen begegnen. Da gibt es vielleicht etwas altertümlich klingende Formulierungen, aber das Gemeinte ist überraschend modern: Der Lehrer soll sich den Eltern in seiner „Wesenheit" zeigen, also nicht eine „Rolle" spielen, sondern die Begegnung von Mensch zu Mensch suchen.

Es ist leicht zu bemerken, dass sich die von Rudolf Steiner vorausgesetzte Partnerschaft unmittelbar auf die erwähnten wechselseitigen Klagen von Eltern und Lehrern beziehen lässt. Steiner legte schon damals ausdrücklich Wert darauf, dass all das, worüber heute Anlass zur Klage besteht, *nicht* geschieht! – Wer dies zur Kenntnis nimmt, kann sich bestärkt fühlen in der Haltung, dass es die heute gängigen Beschwerden nicht nur nicht geben *darf,* sondern dass es sie auch nicht geben *muss.* Ihre Anlässe sind vermeidbar, und es lohnt sich, darüber nachzudenken, wie dies geschehen kann. - Zuvor aber noch ein Blick auf weitere Funktionen von Eltern im Schulganzen:

Mitgestaltung des Schulorganismus

Eltern sind im Schulzusammenhang nicht nur die Eltern ihrer Kinder und so für die gemeinsame Erziehung mitverantwortlich, sondern sie sind

---

[92] R. Steiner, 22.7.1924, S. 105f. – Ausführlicheres Zitat bei K.-M. Dietz, 2002, S. 34f.
[93] K.-M. Dietz, 2002, S. 32
[94] K.-M. Dietz, 2002, S. 35f.

auch Mitgestalter des Schulorganismus. Sie tragen Mitverantwortung für das Ganze der Schule. Dieser Aspekt spielte zu Lebzeiten Rudolf Steiners noch keine besondere Rolle. Die erste Waldorfschule wurde innerhalb der Waldorf-Astoria-Zigarettenfabrik gegründet und war zunächst ein Teil des Unternehmens, bevor sie nach einigen Monaten in einen gemeinnützigen Verein ausgegliedert wurde.[95] Die Schüler waren zum größten Teil Kinder der Fabrikarbeiter, dann auch zunehmend Kinder aus anderen interessierten Familien, die zum Teil gar nicht in Stuttgart wohnten. Viele Kinder der ersten Waldorfschule lebten in „Pension" in Stuttgart. – Die volle Verantwortlichkeit der Eltern für das Schulganze ist eine neuere Entwicklung, deutlich geworden vor allem beim Wiederaufbau der Schulbewegung nach dem Zweiten Weltkrieg und besonders prägend seit der Schulgründungswelle der siebziger Jahre. Seither gehen die Schulgründungen in der Regel von Eltern aus, und Eltern spielten und spielen auch nach der Gründung eine tragende Rolle bei der Gestaltung des Ganzen. – Diese Mitträgerschaft an der Schule ist unabhängig zu sehen von der Elternrolle im engeren Sinne. Dasselbe gilt im übrigen auch für die Lehrer: Sie sind Lehrer im engeren Sinne und außerdem Mitgestalter des Schulganzen. Die einzelnen Eltern und Lehrer können die Akzente ihrer Mitwirkung verschieden setzen (und sie tun dies auch), *ganz* entziehen können sie sich aber keiner dieser beiden Funktionen. Das macht es für den Einzelnen erforderlich, dass er in sich selbst die beiden Blickrichtungen unterscheidet. Wenn soziales Unheil droht, liegt es oft an einer – vermuteten oder tatsächlichen – Vermischung der beiden Aspekte. Mitgestaltung des Schulorganismus bezieht selbstverständlich auch die geistigen Aspekte von Erziehung und Schule mit ein. Die Arbeitsteilung zwischen Eltern und Lehrern in dieser Hinsicht richtet sich nach den Gesetzmäßigkeiten des freien Geisteslebens, die bereits skizziert wurden. Wenn gelegentlich geltend gemacht wird, Rudolf Steiner habe eine geistige Mitwirkung der Eltern an der Schule nicht gewollt, so entbehrt das jedenfalls jeder Grundlage.

Wie die Zusammenarbeit von Eltern und Lehrern im Hinblick auf den Schulorganismus im Einzelnen verläuft, kann nicht generell festgelegt werden. Es hängt von den einzelnen Persönlichkeiten und den Gegeben-

---

[95] Näheres dazu bei S. Leber, 1991, S. 130

heiten der jeweiligen Schule ab. Alles, was oben über die Grundlagen der Selbstverwaltung gesagt wurde, gilt auch in dieser Hinsicht. In dem Maße, in dem die Selbstverwaltung einer Schule dialogisch verläuft, verschwinden die Probleme in der Beziehung zwischen Lehrern und Eltern. Es ist undenkbar, dass es „Probleme mit den Eltern" geben kann, wenn die dialogischen Prozesse individuelle Begegnung, Transparenz, Beratung und Entschluss wirklich gelebt werden. Wer die Sichtweise eines anderen in erster Linie als Angriff auf die eigene Position erlebt statt als Aspekt auf dem gemeinsamen Wege zur Wirklichkeit (siehe oben über den Prozess der Transparenz), der wird natürlich bestrebt sein, alles Denken „von außen" aus dem eigenen Kreis fernzuhalten. Und wenn, ebenfalls im Sinne einer mangelnden Transparenz, die Einzelnen ihrer alternativen Gemütslage nachgeben und sich vor allem mit sich selbst beschäftigen, dann trägt die Auseinandersetzung mit anderen leicht die Züge eines Kampfes aller gegen alle. Die Zusammenarbeit in einem Kollegium gleicht solche Einseitigkeiten in der Regel aus. Gefährlich wird es dann, wenn die dialogischen Elemente der Zusammenarbeit erlahmen. Dann wird Selbstverwaltung mit Selbstbedienung verwechselt und es entsteht eine Hautbildung. Mitbeteiligte (Eltern) werden dann wie „Außenwelt" behandelt und reagieren ihrerseits mit Forderungen an „die" Schule. Neben der mangelnden Transparenz behindert erfahrungsgemäß vor allem der kollektive Blick auf „die Eltern" bzw. „die Lehrer" eine wirkliche Begegnung.

Sowohl Eltern wie Lehrer können sich fragen, wie die Situation verbessert werden kann. Zunächst zu den Lehrern:

Fragen der Selbstprüfung im Kollegium

In einem Kollegiumsseminar wurde vor einiger Zeit einmal die Frage gestellt: Wie beziehen wir die Eltern in den Schulorganismus noch besser ein? Dabei wurden Fragen der Selbstprüfung erarbeitet, u. a. die folgenden:

- Sind die Eltern über alle wesentlichen Vorgänge der Schule rechtzeitig und umfassend informiert?

- Wie werden die Eltern über Elternabende hinaus vom Kollegium angesprochen? Mit welchen Themen und Anliegen kommt das Kollegium auf die Eltern zu?
- Werden mit Eltern zusammen Grundlinien der Pädagogik erarbeitet? Geschieht dies eher mit dem Charakter der Belehrung oder werden die Kompetenzen von Eltern gefordert?
- In welche Entscheidungen werden Eltern vom Kollegium einbezogen?
- Ist allen Beteiligten klar, wohin sich Eltern wenden können, wenn sie Fragen oder Beschwerden haben oder Beobachtungen mitteilen wollen?
- Worin sehen wir das Hauptproblem an unserer Schule im Hinblick auf den Einbezug der Eltern?
- Besteht Furcht vor einem Mitbestimmungswillen von Eltern? Weshalb?
- Gibt es gemeinsame Beratungen über allerseits interessierende Fragen, wie z. B.: die Bedeutung der Waldorfpädagogik für die Gegenwart, Stellung und Chancen der eigenen Schule im Zusammenhang der Kultur in der Region, das Verhältnis von Schule und Berufsleben etc.?
- Gibt es eine offene gemeinsame Behandlung pädagogischer Problemfragen, wie z. B. Massenmedien, Internetnutzung, Freizeitverhalten, Drogenkonsum, Gewalt, Konsumgesellschaft, Musikszenen usw. Aber auch: Förderung motivierender Aktivitäten wie Orchester- und Kammermusik, künstlerische Ausgestaltung der Schule, Arbeitsgemeinschaften etc.?
- Gibt es das Engagement von Lehrern in einem kontinuierlichen Eltern-Lehrer-Kreis, in gemeinsamen Konferenzen o. ä.?
- Was kann ein nächster Schritt an unserer Schule sein, um das Verhältnis zu den Eltern von Seiten des Kollegiums zu verbessern?
- Wenn wir „Eltern" denken, denken wir dann eher an
  – eine Interessengruppe oder an einzelne Individualitäten?
  – unvermeidliche Störfaktoren oder notwendige Mitgestalter (Partner)?
  – Beobachtungsobjekte zur Erklärung von Schülerverhalten oder Mitwirkende bei einer gemeinsamen pädagogischen Bemühung?

- Wenn wir „unsere Schule" denken: gehören dann die Eltern dazu? Betrachten wir die Eltern als „Betroffene" oder als „Beteiligte"?

Was können Eltern für die partnerschaftliche Zusammenarbeit tun?

Die vorausgehenden Fragen der Selbstprüfung haben sich Lehrer einer Schule im Hinblick auf die Zusammenarbeit mit den Eltern gestellt. Aber auch die Eltern können von sich aus zu einer Belebung der Partnerschaft beitragen. Sie können selbst aus den Gesichtspunkten des freien Geisteslebens heraus handeln und dürfen damit rechnen, dass das „anstekkend" wirkt. Das könnte zum Beispiel bedeuten:

1. **Initiativ handeln**
   Man wartet nicht, bis man gerufen wird (von wem auch?). Man wartet auch nicht, bis ein Problem entstanden ist, dessen Lösung keinen Aufschub duldet. Natürlich gibt es immer wieder Anlässe, die Reaktionen erfordern. Aber dabei muss es ja nicht bleiben. Eltern können genau so gut wie andere Mitglieder des Schulorganismus initiativ werden.[96] Da muss niemand „gefragt" werden, aber es bedarf der Verständigung. Wenn Eltern sich zu einer Zusammenarbeit finden, wird allerdings manchmal etwas übersehen: Man kalkuliert z. B. die Mitwirkung von Lehrern in die Zusammenarbeit ein (und bezeichnet das dann als „Eltern-Lehrer-Kreis"), aber die Lehrer kommen gar nicht. Dann gilt das Vorhaben als gescheitert. Der Fehler liegt u. U. schon darin, dass man etwas in Szene setzt, bei dem man mit der Beteiligung von Unwilligen rechnet. – Der umgekehrte Fehler lässt nicht lange auf sich warten: Man setzt etwas ins Werk unter Ausschluss der Lehrer. Richtig wird es hingegen sein, nur solche Initiativen zu starten, die man auch selbst durchführen kann; und dabei wird man schon im Vorfeld ausloten, wer die Initiative mit trägt. Das können nur individuelle Menschen sein, nicht Kollektive („Wir brauchen noch

---

[96] Hier wird etwas ausführlicher dargestellt, was bei früherer Gelegenheit bereits angedeutet war: K.-M. Dietz, 2002, S. 64f.; vgl. auch K.-M. Dietz, 2000, S. 10-20

einen Elternvertreter!" oder: „Wo bleiben die Lehrer?"). Vertretungsmentalität hat im Geistesleben schon viele Initiativen zur Strecke gebracht. – Auf jeden Fall sollte bei jeder Initiative eine hohe Transparenz herrschen. Wenn jeder davon weiß, kann er sich ja melden und sich um Mitwirkung bemühen.

Wie man Initiativen verwirklicht, kann man sich im Einzelnen klar machen. Sie erfordern z. B. gemeinsame Arbeit an der Idee, Kenntnis des Umfelds, Interesse für die beteiligten Menschen und energischen Zugriff, der nicht nach kurzer Zeit erlahmt. Fehler wirken sich hier in der Regel folgenreich aus, weil sie menschliche Betroffenheit, Verärgerung usw. nach sich ziehen, und die Sache selbst dadurch getrübt wird.

Andererseits muss nicht immer alles neu erfunden werden, wenn man auf Initiative setzt. Man kann vorhandene Gelegenheiten nutzen: Elternabende, Bazare, Schulfeste usw. Bei solchen Gelegenheiten kann man sich z. B. dafür einsetzen, die Waldorfidee auszuarbeiten und hoch zu halten, die Waldorfschule in das öffentliche Umfeld zu stellen usw. Da sind im einzelnen keine Grenzen gesetzt – außer denen der eigenen Ideenfähigkeit und der freien Empfänglichkeit der anderen. Zusammenarbeit aus Initiative ist ein spannendes Kunstwerk, in dem ein Gleichgewicht entstehen muss zwischen eigenem Zugriff und sozialer Akzeptanz, erwünschter Mitwirkung anderer und Abwehr hinderlicher Zaungäste.

Oft ist das Gelingen von Initiative auch eine Mutfrage. Mut erzeugt sich im gegenseitigen Vertrauen und im Willen zur Zusammenarbeit.

2. Im Sinne des Ganzen handeln: Aufgabenorientierung

Wenn Eltern sich an der Gestaltung des Schulorganismus beteiligen, geschieht dies aus dem Bewusstsein für das Ganze und nicht aus einer Selbstverwirklichungsmentalität oder aus einem eingeschränkten Blick auf die eigenen Kinder. Eine gute Ausgangsbasis ist die Frage: Welche Aufgaben gibt es an unserer Schule? Welche davon bleiben gerade liegen? Aus den wahrgenommenen Aufgaben kann man sich dann die Ziele für das eigene Handeln setzen. So findet man vielleicht – sogar ohne eigene Kinder im entsprechenden Alter zu haben –, dass es heute viele gravierende Fragen im Zusammenhang mit dem Jugendalter gibt: Sucht, Depression, Konsum, Mode, Anpassung, Gewalt usw. Wäre es nicht eine lohnende Aufgabe, sich solcher Fragen – die ja nicht auf das Unterrichtsgeschehen beschränkt sind – gemeinsam anzunehmen? Wie können bei den Jugendlichen Weltinteresse, Urteilsfähigkeit und Zukunftsideale geweckt werden? Mit Jugendproblemen haben es heute viele Menschen in gleicher Weise zu tun, Eltern wie Lehrer, Ausbilder und Jugendleiter – nicht zuletzt die Jugendlichen selbst. Hier tätig zu werden, böte ein fruchtbares Feld für Initiative von Elternseite. Dabei kann man natürlich nicht alles selbst erarbeiten. Gerade im Hinblick auf Jugendfragen gibt es hervorragende Fachleute, die man hinzubitten kann.

Ähnliches gilt für Schulentwicklungsfragen oder für die Selbstdarstellung der Schule in der Öffentlichkeit. Auch Gesprächsrunden oder symptomatologische Betrachtungen zum Zeitgeschehen können sinnvoll sein, denn Schule geschieht nicht im luftleeren Raum. – Waldorfpädagogik bietet ein weites Betätigungsfeld, das über Schulpädagogik im engeren Sinne hinausgeht. Die weitergehenden Fragen liegen aus Kräftegründen oftmals brach. Hier können sich Eltern aufgerufen fühlen einzuspringen.

Wir sprachen bereits darüber, wie wichtig es ist, aus geistigem Impuls zu handeln, wenn man eine Waldorfschule betreiben will. Diesen Impuls aufrecht zu erhalten, können sich auch Eltern zu ihrer Aufgabe machen. Sich die Ursprungsimpulse der Waldorfschule vor Augen zu führen, ist heute jedem möglich. Das Material dazu liegt vollständig im Druck vor. Was waren die Hintergründe für Emil Molt, die Waldorfschule zu begründen? Was leitete Rudolf Steiner, als er die Frage Emil Molts ernst nahm und daran ging, eine neue Pädagogik zu entwerfen? Welches sind – damals und heute – die wesentlichen Unterschiede zwischen Waldorfpädagogik und anderen Arten der Pädagogik (über unterschiedliche Erscheinungsformen hinaus)? Um nur ein Beispiel zu nennen, das bereits erwähnt wurde: Rudolf Steiner macht klar, dass Waldorfpädagogik eine „erweckende Erziehung" ist; deren Hauptzweck es also nicht ist, „Wissen" zu vermitteln. Was inhaltlich in der Waldorfschule gelehrt wird, dient dazu, dem Schüler – seiner jeweiligen Alters- und Entwicklungsstufe gemäß – zu ermöglichen, sich als geistige Individualität zu entdecken und zu verwirklichen. „Wenn man die ganze Erziehung so leitet, daß man ... von der Geschlechtsreife ab, alles aufnimmt so, wie wenn jemand aus dem Schlaf erweckt wird – der Mensch hat bis dahin geschlafen in bezug auf die Beurteilung von dem oder jenem, es kommt ihm jetzt vor, als ob er sein eigenes Wesen aus sich herausruft – dieses Gefühl, daß es sein eigenes Wesen ist, das aus ihm herauskommt, daß der Lehrer ihm nur der Anreger, der Erwecker ist, das kann man entwickeln, wenn man so vorgeht, wie ich es ausgeführt habe ..."[97] An solchen und ähnlichen Gesichtspunkten kann man sich begeistern, unabhängig davon, ob man selbst Lehrer ist oder Kinder im Jugendalter hat. – Solche Grundimpulse der Waldorfpädagogik zu erarbeiten, unterbleibt oftmals aus Kräftegründen. Hier liegen unendliche Möglichkeiten für eine Elterninitiative. Und zu diesem Thema gehört sicherlich auch die umgekehrte Frage: Welche Impulse bringen die heutigen Jugendlichen in ihre Inkarnation mit? Erfahrungsgemäß ändert sich das von Jugendgeneration zu Jugendgeneration.[98] – Jede noch so kleine Initiative in diese Richtung kann für eine Schule viel bedeuten!

3. Offen reden statt sozialer Gespensterbildung
Vielfach wird – siehe eingangs – beklagt, dass Eltern wenig mitbekommen. Sie können aber von sich aus den Spieß umdrehen: Alles, was von Eltern ausgeht, geschieht in einem Milieu aktiver Offenheit. Es wird informiert; die Probleme kommen zur Sprache. Das Hintenherum hört auf. Durch gemeinsame Ziele entsteht ein Wir-Bewusstsein, das alle einschließt, die sich beteiligen wollen. Wer auf ein dialogisches Milieu Wert legt, muss es auch selbst realisieren. Es wirkt dann ansteckend.

4. Alles wird auf Individualität abgestellt, statt Kollektivbewusstsein zu pflegen
„Die Lehrer" werden einbezogen und zur Mitwirkung eingeladen. Deren persönliche Überlastungssituationen können ggf. bemerkt und aufgefangen werden. Ich kann mich schon im Vorfeld fragen, wie

---

[97] R. Steiner, 30.8.1924, S. 178. Eine nähere Darstellung solcher Grundfragen der Waldorfpädagogik findet sich bei K.-M. Dietz, 2003a.
[98] Beispiele dafür bei: K.-M. Dietz, 2003a, S. 9-20

das, was ich vorhabe, bei dem einzelnen Lehrer (und auch bei Miteltern) ankommt. Auf welche Gefühle trifft es? Die sollte ich kennen und berücksichtigen. Auf diese Weise kann sich der traditionelle, aber wirklichkeitsfremde Gegensatz von „Eltern und Lehrern" weitgehend auflösen. Wenn man schon differenzieren will, dann besser zwischen „Engagierten" und „weniger Engagierten", die es ja auf jeder Seite gibt. Engagierte Menschen kooperieren miteinander, nicht Rollen- oder Funktionsträger!

5. Elternmitwirkung

Je dialogischer die Arbeit im Schulorganismus abläuft, um so weniger liegt es nahe, eine formalisierte Elternmitwirkung festzuschreiben. Denn ein unzulängliches Verhältnis zwischen „Eltern" und „Lehrern" ist, wie schon erwähnt, letztlich ein Zeichen für schlecht funktionierende Schulführung, weniger ein Spezialproblem zwischen zwei Gruppen.

Wie ambivalent der Ruf nach satzungsmäßiger Elternmitwirkung zu beurteilen ist, mag an folgender Situation deutlich werden: In einer seit Jahrzehnten bestehenden Schule sind viele Eltern ungehalten darüber, dass sie sich von allen wichtigen Fragen ausgegrenzt fühlen. Auf Nachfragen erfuhr ich, dass es an dieser Schule eine geregelte „Elternvertretung" gibt. Wie also kann das Problem entstanden sein? Und außerdem ist in der Satzung vorgesehen, dass mindestens einmal jährlich eine Art gemeinsamer Tagung von Eltern und Lehrern stattfindet, bei der übergreifende pädagogische und geistige Fragen besprochen werden sollen. Nur haben diese Veranstaltungen seit vielen Jahren nicht mehr stattgefunden. – An den Strukturen liegt es also nicht. Woran aber?

Auf der anderen Seite gibt es auch solche Fälle, wo Eltern gegen ausdrückliche Verabredung bei bestimmten Schulent-wicklungsfragen die einsamen Beschlüsse des Kollegiums mangels formaler Möglichkeiten nicht einmal hinterfragen können. Hier wird man die Lage anders beurteilen müssen.

Wenn die Notwendigkeit besteht, dass Eltern sich formieren, dann kann dies auf mehrere Arten geschehen. Man rechnet z. B. nicht damit, dass eine partnerschaftliche Zusammenarbeit in absehbarer Zeit möglich wird und richtet eine „Elternvertretung" so ein, dass man auf dem Nötigsten bestehen kann: Informationen, Vetorecht oder spezielle Entscheidungsbefugnis in bestimmten Fragen. Diese Geste hat im Hinblick auf dialogische Zusammenarbeit etwas Problematisches. Wenn nichts besonderes vorliegt, werden die entsprechenden, regelmäßig abzuhaltenden Versammlungen leicht zu einer leeren Form. Und wenn etwas vorliegt, dann ist eine gewisse Konfrontation vorprogrammiert. – Günstiger ist es, die Zusammenarbeit so zu regeln, dass sie gleich von einem Miteinander ausgeht. Auch dafür gibt es bewährte Vorbilder. Allen voran das „Essener Modell", bei dem ein paritätisch besetzter „Schulrat" alle Belange der Schule in abgestufter Verantwortung und Entscheidungsbefugnis lenkt – seit Jahrzehnten mit großem Erfolg.[99]

An manchen Schulen wird die Frage der Mitwirkung noch auf andere Weise angegangen: bestimmte Eltern nehmen an den Entscheidungsgremien teil, die traditionellerweise den Lehrern vorbehalten waren (Konferenzen). In letzter Zeit gibt es an vielen Schulen entsprechende Bestrebungen von Elternseite. Die Frage, die mir in Seminaren immer wieder gestellt wird, lautet meistens so: Sollen (können, dürfen ...) Eltern an den Konferenzen teilnehmen? – Diesem Verlangen wird manchmal mit dem Hinweis entgegengetreten, Rudolf Steiner habe die Teilnahme von Eltern an Konferenzen nicht gewollt. Mir ist allerdings keine einzige derartige Äußerung Steiners bekannt. So sind wir in der glücklichen Lage, diese Frage restlos aus eigener Vernunft lösen zu müssen. In vielen Gesprächen hat sich immer wieder Folgendes ergeben:

- Die oben formulierte Frage ist falsch gestellt. Es kann hier kein generelles Sollen oder Dürfen geben. Wie das an der einzelnen Schule gehandhabt wird, ist allein deren Sache.
- Fragt man nach, *warum* denn Eltern an Konferenzen teilnehmen wollen, so stellt sich immer wieder heraus: Sie erfahren sonst nichts von der Schule und sie fühlen ihre Belange nicht berücksichtigt. Sie gehen also davon aus, dass Führungskonferenzen den Charakter von Interessenvertretungen haben. Nur wer dabei ist, kann seine Interes-

---

[99] Näheres bei: H. W. Colsman, 2005b

sen einbringen. – In einem dialogisch geführten Schulorganismus treten derartige Probleme nicht auf.

- Fragt man umgekehrt, warum denn manche Lehrer die Eltern nicht dabeihaben wollen, so wird von „Einmischung" und Ähnlichem gesprochen – auch dies ein Zeichen für intellektuelle Nichtbewältigung der Selbstverwaltungsaufgabe.

- Wenn die gefundene Lösung so aussieht, dass Eltern an einer Führungskonferenz teilnehmen, dann müssen für sie nicht nur dieselben Rechte (Stimmrechte), sondern auch dieselben Verpflichtungen wie für die Lehrer gelten. Sie müssen an *allem* teilnehmen, müssen die Prozesse, die zur Entscheidung kommen, von Anfang an und auf allen Ebenen begleiten und sie sind täglich vierundzwanzig Stunden in Bereitschaft. Ein Führungskreis muss sofort auf alles reagieren können, was an Unplanmäßigkeiten vorkommen kann, z. B. bei „Personal"-Fragen. Im Hinblick auf die Verfügbarkeit bestehen prinzipiell dieselben Anforderungen wie an eine Führungskraft im Wirtschaftsleben. Lehrer können und müssen das leisten, denn es gehört zu ihrem Beruf, und sie müssen sich entsprechend organisieren. Wenn Eltern an Entscheidungsgremien mitwirken, muss ihre Verfügbarkeit ebenso gewährleistet sein. Jeglicher Gast-Status behindert die anderen, die ernsthaft Engagierten, oder er bewirkt, dass die eigentlichen Fragen außerhalb der Konferenz besprochen werden. Die gemeinsame Besprechung bekommt dann leicht den Charakter einer Palliativ-Veranstaltung.

Auf der Ebene des Sollens oder Dürfens ist im freien Geistesleben nichts zu lösen. Alles ist abhängig von den einzelnen Individualitäten und der Art, wie sie „dialogisch" zu einer Zusammenarbeit kommen.

„Eine soziale Tat großen Stiles"

Im Vorigen war von zwei verschiedenen Aufgabenbereichen die Rede, die Eltern und Lehrern gemeinsam sind: die Erziehung der Kinder und die Gestaltung des Schulorganismus. Nun gibt es noch eine dritte gemeinsame Aufgabe, auf die Rudolf Steiner entschieden Wert gelegt hat.

Eltern und Lehrer erfüllen durch ihre Arbeit an der Schule eine menschheitliche Aufgabe. Die Erziehung legt die Grundlage für das, was in späteren Jahren, wenn die Kinder erwachsen sind, in der Gesellschaft wirksam und fruchtbar werden soll. Und umgekehrt bezieht die Erziehung ihre konkreten Zielsetzungen aus der gesamtgesellschaftlichen Entwicklung. Wenn Rudolf Steiner über das Verhältnis von Eltern und Lehrern spricht, spricht er immer die Lehrer an. Davon gibt es eine einzige Ausnahme. An einem Elternabend äußert er einen Wunsch an die Eltern. Die Eltern möchten sich sagen: „Ich fühle die erzieherische Menschenpflicht in ganz besonderer Weise, und ich möchte, daß gerade durch meine Kinder etwas beigetragen werde zu den großen Aufgaben der Menschheit im zwanzigsten Jahrhundert. Ich möchte, daß das Anvertrauen meiner Kinder der Waldorfschule tatsächlich eine soziale Tat großen Stiles sei."[100] Die Leistungen der Waldorfschule gehen also über die Pädagogik und die internen Anforderungen an die Selbstverwaltung weit hinaus. Und die Eltern mögen sich dessen bewusst sein. – Auch zu den Lehrern sagt er bei verschiedenen Gelegenheiten Entsprechendes. Sie müssen „Kulturmenschen im höchsten Grade", im höchsten Sinne des Wortes sein. „Wir müssen lebendiges Interesse haben für alles, was heute in der Zeit vor sich geht, sonst sind wir für diese Schule schlechte Lehrer."[101]

Den allgemeinen Kulturfortschritt im Auge zu behalten und dazu Beiträge zu leisten, ist also die dritte große Aufgabe für Eltern und Lehrer neben der Pädagogik im engeren Sinne und neben der Gestaltung des Schulorganismus. Woran könnte man bei der Formulierung „soziale Tat großen Stiles" denken? Es geht ja in der Waldorfpädagogik um nichts weniger als um Anregung zur Selbsterziehung des freien Menschen (siehe oben: „erweckende Erziehung"). Das ist selbstverständlich nur möglich, wenn die Erziehenden ihre Arbeit auch selbst als freie Menschen zu tun versuchen. Hier liegt die Schnittstelle zwischen dem Erziehungsziel der Waldorfschule und den Anforderungen der Selbstverwaltung. Erziehung zu freien Menschen durch Unfreie wäre ein seltsames Unterfangen. Durch die Selbstverwaltung erhält aber nicht nur die einzelne Schu-

---

[100] R. Steiner am Elternabend 22.6.1923, S. 189
[101] R. Steiner, 20.8.1919, S. 63

le ihre Ausrichtung, sondern es wird ein Modell für die Zukunftsentwicklung der Kultur geschaffen. Wenn Rudolf Steiner in England einmal formulierte, die anthroposophische Bewegung (d. h. Anthroposophische Gesellschaft und die Einrichtungen) wolle nichts anderes sein als „eine Versuchsmethode des allgemein Menschlichen und der allgemeinen Welterscheinungen"[102], so bedeutet dies zugleich, dass sich anthroposophische Einrichtungen als Pionierbewegungen für die allgemeine Kulturentwicklung verstehen können. Es geht bei der anthroposophischen Arbeit nicht um Belehrung anderer, sondern darum, die Möglichkeiten des freien Menschen in der Zivilisation zu ergreifen und damit zu demonstrieren, dass und wie solches funktionieren kann. So arbeitet auch die Waldorfschule nicht nur für ihre eigenen, inneren Belange, sondern zugleich im Bewusstsein ihres Umkreises. Die Aufgaben, die man ergreift, kommen ja immer aus der Umwelt. Sie müssen dort wahrgenommen und in eigene Zielsetzungen umgewandelt werden.

Dazu gehört es selbstverständlich, die geistesgeschichtliche Situation, in der wir uns befinden, zu durchschauen. Sie ist heute anders als vor dreißig Jahren und vollständig anders als zu Beginn des 20. Jahrhunderts. Es ändern sich nicht nur, wie bereits erwähnt, die Impulse der Jugendgenerationen in rascher Folge, sondern auch die Denkweisen und Lebensformen der Bevölkerung im Allgemeinen. Wer eine angemessene Pädagogik entwickeln will, wird diese Veränderungen einbeziehen müssen. Und schließlich kann Waldorfschule ein Musterbeispiel für eine neue Art der Zusammenarbeit werden, die ohne Ämter-Hierarchie einerseits und ohne basisdemokratische Anwandlungen andererseits auskommt. Diese Aufgabe ist, wie bereits beschrieben, heute noch ungewohnt. Inzwischen besteht jedoch in vielen Gemeinschaften (auch in einigen Wirtschaftsunternehmen[103]) das Bedürfnis, hierfür neue und tragfähige Lösungen zu finden. Waldorfschule ist in dieser Hinsicht seit Jahrzehnten eine Pionierbewegung. Dazu gehört, dass sie mit hoher Bewusstheit für die Gegebenheiten, ihre aktuellen Veränderungen und für die eigenen Fähigkeiten ständig neu gestaltet wird.

---

[102] R. Steiner, 19.8.1923, S. 174; siehe dazu K.-M. Dietz, 1996a, S. 51-54
[103] Siehe z. B. K.-K. Pullig, 2000; K.-M. Dietz/T. Kracht, 2002

Wer sich diese Aufgabe ganz klar macht, kann von ihr begeistert sein und gleichzeitig in der Praxis so manches Defizit empfinden. Beide Haltungen weisen in die Zukunft. Diese Zukunft wird nicht ohne ein enges Zusammenwirken von Lehrern und Eltern möglich sein. Eltern werden da nicht warten können, bis sie zu irgendetwas „aufgefordert" werden. Sie können und müssen Initiative ergreifen. In dem Maße, in dem Individuen zusammenarbeiten, erweisen sich die heute so oft im Vordergrund stehenden Fragen nach einer Zusammenarbeit zwischen „den Lehrern" und „den Eltern" als gegenstandslos. Es geht dann nicht mehr um Konfliktlösungen, Strukturen oder Verfahrensfragen, sondern um individuelle Fähigkeiten. Mit diesen steht und fällt die Waldorfschule. Sie sind durch nichts anderes zu ersetzen.

Zwischenruf:
Was fange ich mit alledem an?

Wer dieses Buch bis hierher gelesen hat, sieht sich mit einer möglicherweise verwirrenden Fülle von Gesichtspunkten, Tatsachen und Überlegungen konfrontiert. Die Verarbeitung dieser Fülle kann man sich aber durch zweierlei erleichtern:

1. Das Buch enthält auch viele „Tipps", an die man sich halten und die man durch eigene Erfahrungen bereichern kann. Wer das tut, wird ohne weiteres bemerken: Die Lage ist ernst, aber nicht hoffnungslos.

2. Entscheidender noch für eine eigenständige Bewältigung des Problemkreises ist es zu bemerken, dass die beschriebenen Einzelheiten alle auf eine gemeinsame „Idee" bezogen sind. Die Einzelheiten verstehen sich weitgehend von selbst, wenn man ein Bewusstsein vom geistigen Impuls der Waldorfschule zugrunde legt und wenn man sich zum Arbeitsprinzip der „geistigen Produktivität und der freien Empfänglichkeit" entschließt. Dabei können sich selbstverständlich im Einzelnen auch ganz andere Verhaltensweisen ergeben, als die hier beschriebenen. Die Einzelheiten haben exemplarischen, nicht etwa normativen Charakter. Zum Gelingen – das sei hier ein letztes Mal betont – kommt es nicht auf Perfektion an, sondern auf den gemeinsam beschrittenen Weg, der in die richtige Richtung und nicht in eine Sackgasse führt.

Einige Male wurde auch angedeutet, dass das in diesem Buch Ausgeführte in einem noch größeren gesellschaftlichen Zusammenhang gesehen werden kann. Davon handelt das Schlusskapitel.

Ausblick auf einen spirituellen Individualismus

Innere Umwendungen – Aspekte der Freiheit

Unsere Erörterungen über die Verwirklichung eines freien Geisteslebens in der kollegialen Selbstverwaltung waren durchzogen von Hinweisen auf eine innere Neuorientierung, in der sich Freiheit verwirklicht. Zusammengefasst ergaben sich folgende Aspekte:

1. Achtung des anderen Menschen statt Funktionalisierung
   Man betrachtet den anderen Menschen nicht als Rädchen im Getriebe oder unter dem Fokus seiner Nützlichkeit. Man wendet sich ihm zu als geistiger Individualität. Die Situation des anderen ist nicht gleichgültig. In früheren Zeiten nannte man das, wie schon erwähnt, die „Parzivalfrage": Parzival konnte erst dann in der Gralsburg bleiben, als er die Frage nach dem Leiden des Amfortas ausdrücklich gestellt hatte. Diese Frage zu stellen brachte die entscheidende Wendung. In der Begegnung erscheint die Schicksalssituation. Diese bedeutet nicht eine unausweichliche Zwangsgemeinschaft, sondern die nicht bewusst herbeigeführte Gelegenheit, bewusst etwas Neues daraus zu machen. In der Schicksalssituation liegt die Freiheit, sich entweder im Bestehenden einzurichten oder die gemeinsame Zukunft zu gestalten.

2. Kooperation statt Beauftragung
   Der Einzelne lebt und arbeitet nicht in abgesteckten Bahnen. Durch sein individuelles Wirken entsteht erst, im Zusammenwirken mit den anderen, das Ganze. Das gemeinsame Ganze ist Folge dessen, was die Einzelnen wollen und was ihnen gemeinsam gelingt. Dazu bedarf es unterschiedlicher Beiträge aus individueller Kompetenz. Das Ganze entsteht aus der Freiheit der Einzelnen.

3. Sozialer Organismus statt bürokratischer Mechanismus
   Dazu gehört zu allererst ein Verständnis für den Organismus-Charakter einer selbstverwalteten Schule. Ein Organismus meint ein Ganzes, das jedoch der „Außenwelt" gegenüber nicht abgeschlossen ist (vgl. Atmung, Ernährung usw. beim Lebewesen). Er differenziert sich

in verschiedene Organe, die gut unterscheidbar sind, aber nur in Wechselwirkung mit den anderen leben können. Ein Organismus ist etwas Lebendiges, nicht eine Abfolge von Zuständen. Die Entwicklung geschieht nach Gesetzmäßigkeiten, die man sich klarmachen kann. Sie erfordern eine Differenzierung und Weiterentwicklung des Denkens (Denken von Gesamtheit, Entwicklung, Wechselwirkungen, Antizipation, Ideenvermögen usw.). Darin realisiert sich unternehmerische Freiheit.

4. Souveränität statt Konsumhaltung

„Es kommt auf mich" an statt „Was habe ich davon?" – Die individuelle „Souveränität" gilt für jeden Einzelnen und erzeugt neue Formen des Umgangs mit den anderen „Souveränen". Zur Souveränität gehört auch, dass sich der Einzelne allmählich aus den Fesseln seiner Persönlichkeitsstruktur befreit.

5. Geistige Produktivität und freie Empfänglichkeit statt Hierarchie oder Beliebigkeit

Das Verhältnis der souveränen Einzelnen untereinander ist im freien Geistesleben nicht durch vorgegebene Rollen, Ämter oder Verfahrensweisen geregelt. Es entsteht dadurch, dass Einzelnen „etwas einfällt" und dass die anderen es aufgreifen. Nur durch beides zusammen gelingt Waldorfschule. Handeln aus geistiger Produktivität und freier Empfänglichkeit unterscheidet sich grundlegend von hierarchischem Rollenverhalten und andererseits auch von einem Chaos der Beliebigkeit, das nur allzu gern mit „Freiheit" verwechselt wird.

6. Situatives Handeln statt vorgängiger Prinzipien

Aus der geistigen Produktivität und freien Empfänglichkeit der Einzelnen wird situatives Handeln mit dem Blick auf das Ganze möglich ohne vorgegebenen Rahmen, ohne Normen etc. Einwände gegen einen solchen „ethischen Individualismus"[104] gehen wechselweise davon aus, dass unter diesen Umständen nichts Bedeutendes geschehen könne oder dass andererseits Willkür herrsche. Beides ist aber, wie hinreichend dargelegt, auf der Grundlage von Produktivität und Empfänglichkeit ausgeschlossen. Sie ermöglichen vielmehr eine Ge-

---

[104] siehe R. Steiner, 1894, Kapitel IX

meinschaft freier Geister, deren Verträglichkeit untereinander nicht von vorab getroffenen Regelungen abhängt.

7. Handeln aus geistigem Impuls
In dem Maße, in dem die Beteiligten sich ihres individuellen geistigen Impulses bewusst sind, entsteht, wie beschrieben, ein gemeinsamer Horizont, der nichts im Einzelnen festlegt, jedoch bewirkt, dass man „im Fahrwasser der Idee schwimmt". Dadurch wird Handeln aus geistigem Impuls gleichbedeutend mit einem Handeln aus sich selbst heraus, aus Initiative, aus Liebe zur Tat. Freiheit ist hier die Freiheit der individuellen Fähigkeit und der Verantwortlichkeit für das Ganze (nicht eine Freiheit des „Dürfens"). Und zugleich entsteht durch das Einleben in den geistigen Impuls eine unverbrüchliche Gemeinsamkeit, die nicht davon lebt, dass das Individuum sich zurücknehmen muss: es entsteht „Gemeinschaft durch Freiheit".[105]

Die hier zu entwickelnden Fähigkeiten sind Etappen auf dem Weg zu einem spirituellen Individualismus. Kollegium und Elternschaft einer selbstverwalteten Schule haben die Möglichkeit, diesen Weg in täglicher Praxis zu gehen. Er wird unterstützt durch die dialogischen Prozesse, die alle Zusammenarbeit durchziehen. Sie fördern die Wertschätzung des Individuums (in der Begegnung), den eigenständigen Blick jedes Einzelnen auf das Ganze (in der Transparenz), die Orientierung an der Idee (in der Beratung) und die Verantwortlichkeit des Handelns (im Entschluss). Die dialogischen Prozesse beschreiben so das Betätigungsfeld des freien Menschen in der Gesellschaft. Sie sind, wie an anderer Stelle ausführlicher dargelegt, somit die Grundlagen für eine Begegnungskultur, eine Kultur der Sachlichkeit, eine Ideenkultur und eine Tatkultur.[106] Dialogische Kultur ist zugleich die Kultur eines spirituellen Individualismus.

*

Das Schlusswort Rudolf Steiners zu den Seminarbesprechungen unmittelbar vor Eröffnung der Waldorfschule enthält vier Aufforderungen an die künftigen Lehrer:

---

[105] K.-M. Dietz, 1996b
[106] K.-M. Dietz, 2004a, S. 20-26

- „Das ist das erste: der Lehrer sei ein Mensch der Initiative im großen und im kleinen Ganzen."
- „Der Lehrer soll ein Mensch sein, der Interesse hat für alles weltliche und menschliche Sein."
- „Der Lehrer soll ein Mensch sein, der in seinem Inneren nie ein Kompromiß schließt mit dem Unwahren."
- „Der Lehrer darf nicht verdorren und nicht versauern."[107]

Bei näherer Betrachtung zeigt sich, dass diese an prominenter Stelle vorgebrachten Aufforderungen in die vier Richtungen der Selbstentwicklung weisen, die auch mit den dialogischen Prozessen angesprochen sind.

Vom alten zum neuen Individualismus

Eigentlich bin ich ganz anders;
ich komme nur so selten dazu.

Ödön von Horvath

Unsere Zivilisation befindet sich als Ganze im Aufbruch: weg von kollektiven Zwängen und hin zum Individualismus. Immer mehr Menschen bemerken dabei, dass dieser Individualismus nicht der alte, egozentrische sein kann. Der Weg vom alten zum neuen Individualismus lässt sich vorläufig so skizzieren:

1. **Befreiung aus alten Zwängen:**
   Die Befreiung aus Weisungen, hierarchischem Denken, Prinzipien, Vorschriften, Traditionen, Selbstverständlichkeiten, Instinkten und gesellschaftlichen Determinationen beginnt damit, dass man sich den alten Zwängen gegenüberstellt und sie durchschaut. Dazu gehört auch, Alternativen kennenzulernen und z. B. die Vorgeschichte des spirituellen Individualismus in Europa, beginnend bei Heraklit, Platon und

---

[107] R. Steiner, 6.9.1919, S. 184-186

Aristoteles, über Scholastik und Mystik des Mittelalters bis hin zum deutschen Idealismus und zu einigen Denkern der letzten Jahrzehnte. Diese Geschichte ist in umfassendem Sinne bisher nicht geschrieben worden. Auch konnten die teilweise sehr fortschrittlichen Einsichten Einzelner im Laufe dieser historischen Entwicklung nicht zivilisationswirksam werden. Das ändert sich möglicherweise gerade. Menschen suchen heute neue Lebensformen. Hier steht der Einzelne vor einer weitreichenden Entscheidung: Will ich es bei Einsicht und Protesthaltung belassen, oder will ich selbst neue Denk-, Lebens- und Arbeitsformen entwickeln, wie dies beispielsweise in einer selbstverwalteten Schule möglich ist?

Rudolf Steiner bezeichnete die Selbstverständlichkeiten der gekennzeichneten Art als „Erbschaften" und sprach davon, dass deren Verlust seit der vorausgehenden Jahrhundertwende eingetreten sei.[108] Waldorfpädagogik ist kein System, das neue Erbschaften an die Stelle von alten setzt, sondern eine „Kunst, um dasjenige, was da ist im Menschen, aufzuwecken"[109]. Waldorfpädagogik ist „weckende Tat"[110].

2. Neue Offenheit

Demokratie, Pluralismus und Toleranzforderung verändern seit der Französischen Revolution zunehmend unsere gesellschaftliche Wirklichkeit. Das ist spürbar geworden besonders seit der Mitte des Zwanzigsten Jahrhunderts. Wir leben in einer Multioptionsgesellschaft[111], die pluralistische Haltungen anregt und manchmal sogar erforderlich macht. Man denke nur an die Stichwörter „Konsumgesellschaft", „Risikogesellschaft"[112], „Erlebnisgesellschaft"[113], „Leonardo-Gesellschaft"[114] oder „Postmaterialismus"[115].

---

[108] R. Steiner, 4.10.1922, S. 26ff.
[109] ebenda, S. 30
[110] ebenda, S. 36
[111] P. Gross, 1994
[112] U. Beck, 2003
[113] G. Schulze, 1992²
[114] J. Mittelstraß, 1993
[115] R. Benedikter, 2002-2005

Diese Gesellschaftsformen, in denen wir uns „plötzlich" wiederfinden, stellen uns vor eine Alternative: Gelingt es uns, das Gefängnis unserer Subjektivität aufzubrechen oder versuchen wir verzweifelt, neue Erfahrungen mit altem Denken zu bewältigen? Das alte Denken ist erkennbar u. a. an seiner Widerspenstigkeit den neuen Situationen gegenüber; z. B. dann, wenn die Forderung nach gesellschaftlicher Toleranz auf ausgesprochen intolerante Weise vertreten wird; wenn man im Namen des Pluralismus militant für eine Anerkennung der eigenen Position kämpft usw. Das alte Denken führt letztlich zum Selbstwiderspruch. Das wird heute von vielen Menschen bemerkt.

3. Suche nach Orientierung

Wer die neue Offenheit bewusst durchlebt, steht schnell vor einem Problem: „Wenn alles gleich gültig ist, ist alles gleichgültig."[116] Die Freiheit der Beliebigkeit zeigt ihre Kehrseite im Verlust an Orientierung. Jetzt ist jeder Einzelne selbst dafür verantwortlich, wie er denken, leben und handeln will.[117] Er steht vor der Entscheidung: Verwandle ich mein Denken so, dass ich in ihm meine Lebensorientierung selbst finde, oder bediene ich mich im Sinne geistiger Konsumhaltung an der reichen Auswahl kollektiver Deutungsangebote, die seit einiger Zeit wie Pilze aus dem Boden schießen und sich zu überbieten suchen. Kaum bin ich die alten Vorschriften los: suche ich mir dann neue, vielleicht sogar selbst konzipierte? Symptomatisch hat der Papst beim katholischen Weltjugendtag in Köln im August 2005 diese Situation angesprochen, indem er die versammelten Massen aufforderte, sich doch lieber an die alteingesessene moralische Instanz der Kirche zu halten, als die Eigenorientierung zu schärfen und „religiöse Privatwege" zu gehen.[118]

Insgesamt stellt sich hier, für viele schon erkennbar, die Frage, ob nicht die zunehmende Subjektorientierung (statt Individualisierung) in der neuen kulturellen Situation bereits ein Fehler ist. Denn Subjektivierung bedarf letztlich einer Außen-Orientierung. Auch in-

---

[116] U. Schimank, 2004, S. 57
[117] K.-M. Dietz, 1994, S. 9-28
[118] J. Nitschmann, 2005, S. 1

nerhalb einer selbstverwalteten Schule kann es geschehen, dass die neuartige soziale Situation nicht wirklich bewältigt wird. Das wäre z. B. dann nicht der Fall, wenn Kollegen mit einer Angestelltenmentalität herumlaufen, im Bewusstsein von Vorgesetzten und Vorschriften leben (obwohl es beides nicht gibt) und im Konfliktfall Arbeitnehmerrechte in Anspruch nehmen, obgleich sie doch sonst immer ihre Mitunternehmerschaft hervorheben.

Der spürbare Orientierungsverlust erzeugt die Gefahr, das Heil in einem alten, nur mit scheinbar neuem Inhalt gefüllten Standpunktdenken zu suchen. Dadurch wird nicht zuletzt der Herrschaft der mentalen Modelle Vorschub geleistet, die es eigentlich zu durchschauen und aufzulösen gilt. Standpunkte entstehen auch aus Phrasen im Denken, Konventionen im Fühlen und Routine im Handeln.[119] Aus gleichem Grund wird auch nach immer neuen Erziehungsprogrammen gerufen (nicht erst heute im Gefolge von PISA), „weil man keine Sicherheit in sich fühlt"[120].

4. Die Orientierung in sich selber finden

Dies ist ein wichtiger Schritt vom alten zum neuen Individualismus. Er besteht darin, zunächst einmal die eigene seelische Situation zu realisieren: die mentalen Modelle, psychischen Prägungen, Gewohnheiten usw. zu durchschauen und zu verwandeln. In die Betrachtung meiner Biographie sind jetzt nicht mehr nur die eigenen Erlebnisse, Erfahrungen, Erfolge und Ernüchterungen einzubeziehen, sondern auch die anderen Menschen, die mich unterstützt oder auch geschädigt haben. Biographische Erkenntnis schließt die anderen Menschen mit ein!

Hier ist auch der Ort, wo man sich klarmachen kann, dass Autonomie nicht einfach „Dürfen" heißt, sondern ein „Können" erfordert, und dass situatives, gleichwohl im Bewusstsein des Ganzen veranlasstes Handeln an die Stelle überkommener oder selbst gemachter Vorgaben tritt (ethischer Individualismus).[121]

---

[119] R. Steiner, 3.10.1922, S. 16-18
[120] R. Steiner, 4.10.1922, S. 25
[121] K.-M. Dietz, 2001b

5. Orientierung aus dem Blick auf das Ganze

Meine Eigenständigkeit besteht nicht darin, mich in mir selbst abzuschließen, ohne mich um mein Lernfeld zu kümmern, sondern darin, mich in eigener Verantwortung der „Welt" zuzuwenden. Das bedeutet, dass ich die Sachverhalte, mit denen ich konfrontiert werde, eigenständig zu beurteilen habe. Für die Grenzen meiner Wirklichkeit bin ich selbst verantwortlich. Beziehe ich die Ideenwelt und den Kosmos in meine Wirklichkeit ein oder grenze ich sie aus? Bin ich nicht selbst ein Glied dieses Ganzen und gestalte es mit?

6. Initiative entwickeln

Zur Verwirklichung des neuen Individualismus brauche ich nicht nur den Blick auf das Ganze, sondern auch auf dessen Ursprünge und Wirkkräfte, auf Ideen und Impulse. Ich bemerke, dass ich Freiheit und Liebe als innere Kräfte entwickeln kann. Mein Denken selbst kann spiritualisiert werden („Denken mit dem Herzen").[122] Ich lebe in einem Zeitalter, in dem all dies zwar angelegt ist, aber nicht ohne mein aktives Zutun vonstatten geht („Michaelisches Zeitalter").

7. Der Mensch unter geistigen Wesen

Ich verstehe und realisiere allmählich das Geistig-Wesenhafte der menschlichen Individualität. Ich empfinde dessen Beziehung zu höheren Wesen, von denen ich bisher nur durch Tradition und Glaube erfahren habe: Gott, Engel, Zeitgeist Michael, Christus. Ich bemerke auch, dass die hindernden Kräfte des Zeitalters wesenhaft zu verstehen sind (Ahriman, Luzifer).

Neues Denken

Alles in diesem Buch Dargestellte war durchzogen von Hinweisen auf eine Verwandlung des Denkens. Nach den vielen beschriebenen Einzelheiten können die Hauptlinien dieser Verwandlung auf folgende Art zusammengefasst werden:

---

[122] K.-M. Dietz, 2005

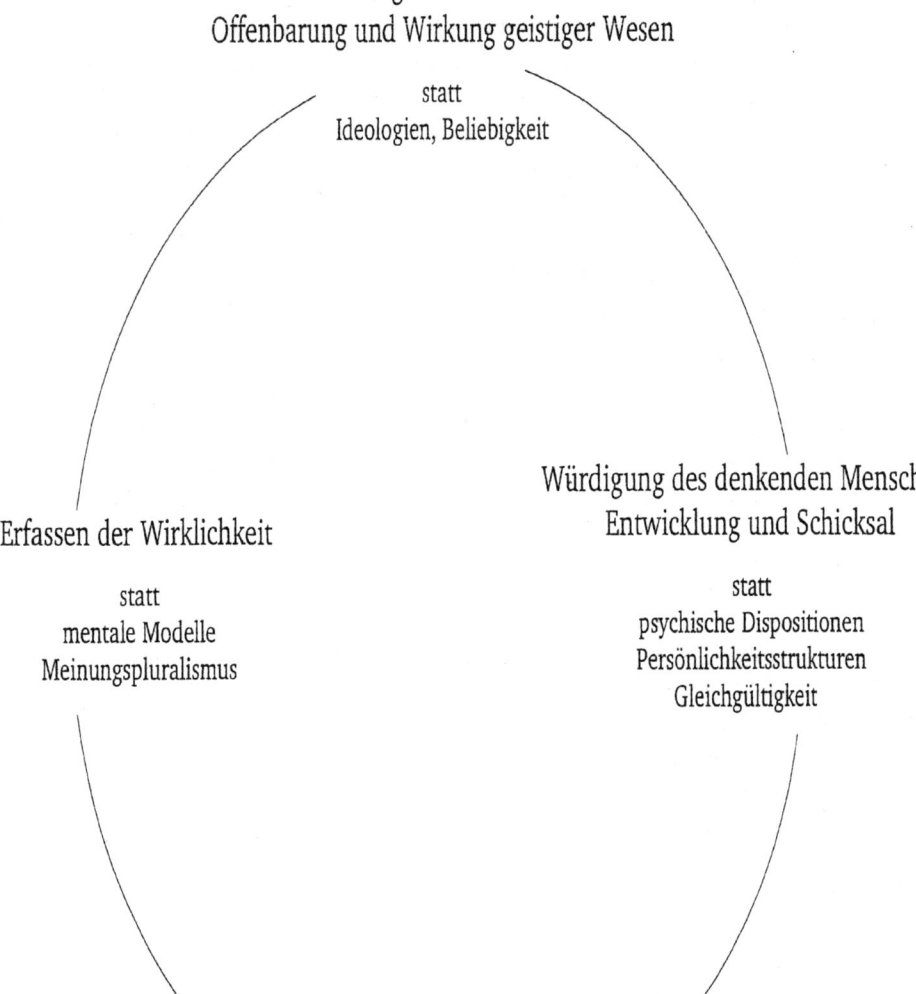

Das abstrakte Denken mit seiner diskursiven Logik hat die grandiosen Leistungen der technischen Zivilisation hervorgebracht. Für die soziale und die seelische Welt, so stellt sich allmählich heraus, ist es weniger geeignet. Denn das abstrakte Denken sieht die Wirklichkeit nicht differenziert, sondern unterwirft sie sich nach dem bekannten Muster: Wenn du einen Hammer hast, sieht die ganze Welt wie ein Nagel aus. Und wenn du keinen Hammer hast, übersiehst du die vielen Nägel, die es gibt. Das neue Denken hingegen versteht sich als Erkenntnisorgan für die verschiedenen Bereiche der Wirklichkeit und entwickelt die dafür jeweils notwendigen Formen. Dies im Einzelnen zu zeigen ist Sache einer eigenen Darstellung. Das gilt im Übrigen auch für den spirituellen Individualismus als solchen. Hier muss es bei einem Ausblick bleiben. Die Andeutungen im vorliegenden Zusammenhang mögen aber wenigstens die Richtung einer Verwandlung des Denkens deutlich gemacht haben.

Zum Schluss seien noch einige grundlegende Eigenschaften des spirituellen Individualismus zusammengefasst, die an verschiedenen Stellen dieses Buches etwas genauer dargelegt wurden:

Der alte Individualismus:	**Der neue Individualismus:**
alles dreht sich um mich	*es kommt auf mich an*
Nutzen	Verantwortung
Sympathie	Wahrheit
Subjektorientierung	Sachorientierung
Wie ist die Sache für mich?	Wie ist die Sache als solche?
Selbstentwicklung als Eigennutz	Selbstentwicklung als Dienstleistung für die Zukunft des Ganzen
Misstrauen	Zutrauen
Der andere Mensch als Person	Der andere Mensch als Individualität
Einordnen, Kategorisieren	Verstehen
Ausnutzen	Interesse
Gefühl als Eigenwert	Gefühl als Organbildung
Denken: Gegensatz zum Fühlen und Wollen	Denken schließt Fühlen und Willen ein
Meinung, Gewohnheit, Tradition	Erkenntnis, Zusammenhänge, Ursachen, Konsequenzen
Vorstellung (wo kommt sie her?)	Begriff (was ist das Ganze?)
Meinungs-Konsens	Verantwortungs-Konsens
Feste Standpunkte	Kreative Unsicherheit
Recht auf Subjektivität	Verantwortung für die Richtigkeit meines Urteils
Formalisiertes Denken	Erlebendes Denken
Ideenbildung nutzenorientiert, intelligent	Ideenbildung spirituell, wirklichkeitsverpflichtet
Das Persönliche ist einzudämmen: Betroffenheit/Nutzen	Das Individuelle ist zu verstärken: Motive/Verantwortung
Individuelles Handeln braucht Leitlinien	Individuelles Handeln trägt die Leitlinien in sich
Vorgegebene Orientierungen Gesetze, Prinzipien, Anweisungen.	Selbsterworbene Orientierung Handeln aus sich selbst heraus. Initiative.
Pflicht	Liebe zur Handlung
Mechanistisches Sozialwesen	Sozialer Organismus

Gemeinsamkeit durch gleiche Interessen	Gemeinsamkeit durch Teilhabe am geistigen Impuls
Diskussion: den anderen binden.	Dialog: den anderen frei lassen.
Forderungen an andere	Forderungen an sich selbst
Freiheit der Isolation (Selbst-Behauptung)	Freiheit der Integration (Welt-Interesse)
Einsamkeit, Vereinzelung	Einzigartigkeit
Zusammenziehen des Selbst	Ausweiten des Selbst
reaktiv leben	kreativ leben
Gefährdungen sehen	Chancen sehen

Die Ausblicke in diesem letzten Kapitel gehen scheinbar weit über die Belange einer selbstverwalteten Schule hinaus. Wer an einer solchen mitwirkt, darf sich allerdings darüber klar sein, dass er zugleich an der Erprobung neuer gesellschaftlicher Verhältnisse arbeitet. Die Pioniersituation, in der sich die Waldorfschule bei ihrer Begründung im Jahr 1919 befand, ist noch längst nicht vorüber. Im Gegenteil: Sie kommt vielleicht heute erst richtig zum Bewusstsein. Die Fragestellungen, auf die das Konzept der kollegialen Selbstverwaltung seit 1919 antwortet, kommen gesamtgesellschaftlich erst heute allmählich zutage. Es gibt deshalb keine Traditionen, Vorbilder und Gewohnheiten, auf die man sich stützen könnte. Wir befinden uns immer wieder im Zustand der erwähnten „kreativen Unsicherheit", aus der heraus eine jeweils neu zu erschaffende Gemeinschaftsbildung entsteht. Wer dabei nur den Innenraum seiner Schule im Auge hätte, würde bald zum Exoten in einer von undurchschaubaren Vorschriften, ängstlichem Anpassungsverhalten und ungehemmter Egozentrik durchzogenen Umgebung. Er würde auch übersehen, dass die Aufbrüche zu einem neuen, spirituellen Individualismus allenthalben bereits zu bemerken sind. Die Mitgestaltung eines selbstverwalteten Schulorganismus gibt die Gelegenheit, nicht nur theoretisch über die Zukunft der Zivilisation nachzudenken, sondern diese praktisch auszuprobieren – mit allen Erfolgen und Rückschlägen, die bei einem solchen Unternehmen zu erwarten sind. Dieses Motiv leitete offenbar die von Rudolf Steiner beschriebene dritte Aufgabe der Eltern und Lehrer: durch die eigene Arbeit am Kulturfortschritt mitzuwirken.

*

Die Darstellung dieses Buches fing recht harmlos an: mit Ungeschicklichkeiten und Fehlern bei der Gesprächsführung. Sie endet in der Andeutung eines historischen Bewusstseinsumschwungs, durch den kollegiale Selbstverwaltung ihre besondere Bedeutung, aber auch ihre spezifische Schwierigkeit erfährt. Wo ein Scheitern zu beklagen ist, liegt dies nicht einfach nur an persönlichen Unzulänglichkeiten, sondern auch an der Größe der neuartigen Anforderung. Und umgekehrt handelt es sich bei dem heraufkommenden spirituellen Individualismus nicht um irgendeine Metatheorie, sondern um eine historische, gesellschaftlich wirksame Entwicklung, die sich heute im menschlichen Leben bis ins Einzelne niederzuschlagen beginnt, zu ihrem Gelingen jedoch des bewussten Zugriffs bedarf. Was in der Selbstverwaltung der Waldorfschulen seit 1919 angelegt war, wird inzwischen auch an anderen Orten der Gesellschaft gesucht, sogar in Wirtschaftsunternehmen.[123] Dass die alten Sicherheiten wegbrechen, wird von manchen bedauert, denn die Lage wird dadurch nicht übersichtlicher. Andererseits erwachsen daraus neue Chancen für eine selbständig erarbeitete, auf eigenen Zielsetzungen beruhende und gemeinschaftlich getragene Gestaltung der Lebensaufgaben. Krisenhaftigkeit und Chance gehören im heutigen Zeitalter der „Bewusstseinsseelenentwicklung"[124] unmittelbar zusammen. Kollegiale Selbstverwaltung wird dadurch zugleich zu einer „Versuchsmethode des allgemein Menschlichen und der allgemeinen Welterscheinungen" im erwähnten Sinne.[125] Es lohnt sich, sie ernst zu nehmen und sich ihren Herausforderungen zu stellen. Dass dabei immer wieder Fehler auftreten, ist kein Anlass zur Resignation. Es gilt, die Fehler als „Pannen" zu verstehen und sie nicht zu verleugnen oder aber im Brustton der Überzeugung zu verteidigen. Gerade in Zeiten des Bewusstseinswandels sind durchschaute Fehler die Fermente des Fortschritts.

---

[123] K.-M. Dietz/T. Kracht, 2002
[124] Dazu etwas ausführlicher im Hinblick auf die Selbstverwaltung: K.-M. Dietz, 2003b sowie Götte, 2003
[125] R. Steiner über die anthroposophische Bewegung am 19.8.1923, S. 174

Literaturverzeichnis

Altehage, Günter: „Von den inneren Bedingungen einer kollegialen Ordnung", in: *Erziehungskunst* 6/1997, S. 617-627

Backerra, Hendrik/Malorny, Christian/Schwarz, Wolfgang: *Kreativitätstechniken*, München 2002²

Beck, Ulrich: *Risikogesellschaft. Auf dem Weg in eine andere Moderne*, Frankfurt 1986

Benedikter, Roland (Hg.): *Einführung in das postmaterialistische Denken, Reihe Postmaterialismus*, Band 1 (2002); *Der Mensch*, Band 2 (2002); *Arbeit*, Band 3 (2002); *Natur*, Band 4 (2004); *Das Kapital*, Band 5 (2005); *Die Globalisierung*, Band 6 (2004); *Perspektiven des postmaterialistischen Denkens*, Band 7 (2005), Wien

Bohm, David: *Der Dialog*, Stuttgart 2000

Borne, Tilo von dem: *Schule und Elternhaus*, Stuttgart 1994

Bos, Lex: *Zwölf Drachen im Kampf gegen soziale Initiativen*, Dornach 1992

–: *Leitbilder für Sozialkünstler*, Dornach 1996

–: *Ein Lebensbild*, Flensburger Hefte Nr. 89, 3/2005

Brater, Michael/Maurus, Anna: „Selbstverwaltung – ein alter Hut?", in: *die Drei* 7-8/1999, S. 59-68

Brüll, Dieter: „Republikanisch *und* demokratisch", in: *Erziehungskunst* 1/1988, S. 39-48

–: *Der anthroposophische Sozialimpuls – ein Versuch seiner Erfassung*, Schaffhausen 1984

Buber, Martin: „Ich und Du (1929)", in: *Das dialogische Prinzip*, Gerlingen 1994⁷

Buddemeier, Heinz/Schneider, Peter: *Waldorfpädagogik und staatliche Schule*, Stuttgart/Berlin 2005

Buß, Georg: „Von der sozialen Wirkung des Wortes. Beschlüsse und Vereinbarungen", in: *Erziehungskunst* 5/1989, S. 391-404

Christie, Elana: „Belebung der Konferenzarbeit durch Eurythmie", in: Hartwig Schiller, (Hg.), *Innere Aspekte der Konferenzgestaltung. Übungsansätze, Perspektiven, Erfahrungen*, Stuttgart 2001, S. 189-194

Colsman, Hans Wilhelm: „Elternmitverantwortung – Elternmitentscheidung. 25 Jahre ‚Schulrat' an der Waldorfschule in Essen", in: *Erziehungskunst* 12/1997, S. 1220f.

–: „In schlechter Verfassung? Der Schulrat", in: *Erziehungskunst* 3/2005a, S. 259-267

–: *In guter Verfassung! Eltern und Lehrer im Schulorganismus – auf Augenhöhe*, Heidelberg 2005b

Csikszentmihalyi, Mihaly: *Kreativität*, Stuttgart 1994⁴

Denger, Johannes: „Das Gespräch – soziale und antisoziale Triebe in der Begegnung", in: *Erziehungskunst* 6/1987, S. 426-432

–: „Jawoll, Herr Direktor!", in: *Erziehungskunst* 10/2002, S. 1109-1110

–: *Sinn macht gesund. Waldorfpädagogik und Salutogenese*, Heidelberg 2005

Denjean, Alain: „Die Konferenzgestaltungsgruppe in der Waldorfschule Uhlandshöhe. Erinnerungen an eine drei Jahre währende Initiative", in: Hartwig Schiller (Hg.),

Innere Aspekte der Konferenzgestaltung. Übungsansätze, Perspektiven, Erfahrungen, Stuttgart 2001, S. 131-143

Dietz, Karl-Martin: *Die Suche nach Wirklichkeit. Bewußtseinsfragen am Ende des 20. Jahrhunderts*, Stuttgart 1988

–: *Individualität im Zeitenschicksal. Gefährdung und Chancen*, Stuttgart 1994

–: *Anthroposophie tun. Beobachtungen zu Rudolf Steiners Führungsstil*, Heidelberg 1996a

–: *Gemeinschaft durch Freiheit. Perspektiven für die Zukunft des Geisteslebens*, Stuttgart 1996b

–: „Sachlichkeit. Aspekte und Konsequenzen der sogenannten Nebenübungen am Beispiel der ‚Gedankenkontrolle'", in: *Konturen* Band 7, Heidelberg 1996c, S. 11-56

–, „Positivität. Zur Kultur des Gefühlslebens", in: *Konturen* Band 8, Heidelberg 1997, S. 9-66

–: „Handeln aus Initiative", in: *die Drei* 3/2000, S. 10-20

–: *Dialog. Die Kunst der Zusammenarbeit*, 2. durchgesehene Auflage, Heidelberg 2001a

–: *Freiheit oder Anpassung. Zur Aktualität des ethischen Individualismus*, Heidelberg 2001b

–: *Eltern und Lehrer an der Waldorfschule. Grundzüge einer dialogischen Zusammenarbeit*, Heidelberg 2002

–: *Erziehung in Freiheit. Rudolf Steiner über Selbständigkeit im Jugendalter*, Heidelberg 2003a

–: *Produktives Unbehagen. Über die Chancen der kollegialen Selbstverwaltung*, Heidelberg 2003b

–: „Die geistige Dimension des Dialogs – Wege zu einer dialogischen Kultur", in: Karl-Martin Dietz (Hg.), *Leben im Dialog. Perspektiven einer neuen Kultur*, Heidelberg 2004b, S. 11-26

–: *Heraklit von Ephesus und die Entwicklung der Individualität, Metamorphosen des Geistes*, Band 3, 2. Auflage, Stuttgart 2004c

–: *Wenn Herzen beginnen, Gedanken zu haben*, 2. Auflage, Stuttgart 2005

Dietz, Karl-Martin (Hg.): *Leben im Dialog. Perspektiven einer neuen Kultur*, Heidelberg 2004a

Dietz, Karl-Martin/Kracht, Thomas: *Dialogische Führung*, Frankfurt/New York 2002

Glasl, Friedrich: *Das Unternehmen der Zukunft. Moralische Intuition in der Gestaltung von Organisationen*, Stuttgart 1994

Glasl, Friedrich/Lievegoed, Bernard: *Dynamische Unternehmensentwicklung*, Bern/Stuttgart 1993

Glöckler, Michaela: *Macht in der zwischenmenschlichen Beziehung*, Stuttgart/Berlin 1997

–: *Schöpferisch werden in Zeiten der Erschöpfung*, Bad Liebenzell 2000

Goethe, Johann Wolfgang: *Maximen und Reflexionen*, hrsg. von Max Hecker, Frankfurt 1976

Gögelein, Christoph: „Die zukünftigen Aufgaben der Freien Waldorfschulen", in: *Erziehungskunst* 1-2/1994, S. 3-10

Götte, Wenzel Michael: *Erfahrungen mit Schulautonomie – Das Beispiel der Freien Waldorfschulen*, Dissertation, Universität Bielefeld, 2000

–: „Die Entfaltung der Bewusstseinsseele im historischen Prozess", in: Ernst-Michael Kranich (Hg.), *Pädagogik aus den Entwicklungsimpulsen des gegenwärtigen Zeitalters*, Beiträge zur Pädagogik Rudolf Steiners Band 6, Stuttgart 2003, S. 9-48

Grimley, Michael: „Qualitätsentwicklung – problematische Erfahrungen mit professioneller Begleitung", in: Hartwig Schiller (Hg.), *Innere Aspekte der Konferenzgestaltung. Übungsansätze, Perspektiven, Erfahrungen*, Stuttgart 2001, S. 220-224

Gross, Peter: *Die Multioptionsgesellschaft*, Frankfurt/M. 1994

Hardorp, Benediktus: *Anthroposophie und Dreigliederung*, Stuttgart 1986

Harslem, Michael: „Führung und Selbstverwaltung – ein Widerspruch?", in: *Erziehungskunst* 1-2/1994, S. 72-85

–: „Zur Zusammenarbeit von Eltern und Lehrern in der Schule", in: *Erziehungskunst* 12/1995, S. 1221-1231

–: „Dreigliederung und Waldorfschule", in: *Erziehungskunst* 2/1996, S. 121-128

–: *Wie arbeiten Eltern und Lehrer zusammen?*, Stuttgart 1999

–: „Die Konferenz als Spiegel der Schule und die komplizierte Physiognomie von Konflikten", in: Hartwig Schiller (Hg.), *Innere Aspekte der Konferenzgestaltung. Übungsansätze, Perspektiven, Erfahrungen*, Stuttgart 2001, S. 209-219

–: „Kommt der Waldorf-Direktor?", in: *Erziehungskunst* 1/2003, S. 12-17

Harslem, Michael/Schubert, Andreas: „Die Ausgestaltung der Selbstverwaltung in der Waldorfschule", in: *Erziehungskunst* 3/1988, S. 165-178

Hartkemeyer, Martina/Hartkemeyer, Johannes F./L. Freeman Dhority: *Miteinander Denken*, Stuttgart 1992[2]

Hautzinger, Martin: *Depression*, Göttingen 1998

Hermannstorfer, Udo: „Delegation und kollegiale Führung. Am Beispiel der Selbstverwaltung der Waldorfschule", in: *Rundbrief Netzwerk Dreigliederung* Nr. 3/2001, S. 1-20

–: „Achtung Erstickungsgefahr", in: *Erziehungskunst* 7-8/2002, S. 807-826

Herz, Gerhard: *Schulprofil und Qualität. Entwicklungsfelder für die Waldorfschulen*, Dortmund 2001

Herz, Gerhard/Brater, Michael/Grotthus, Till von: „Eltern und Lehrer gestalten ihre Kooperationsformen", in: *Erziehungskunst* 10/1990, S. 796-803

Hiller, Walter: „Die Konferenzarbeit zwischen Ideal, Fiktion und Alltagsbewältigung. Leitfragen und konkrete Ansätze ihrer Beantwortung", in: Hartwig Schiller (Hg.), *Innere Aspekte der Konferenzgestaltung. Übungsansätze, Perspektiven, Erfahrungen*, Stuttgart 2001, S. 195-208

Horx, Matthias: „Die neue Welt der ICHs?", in: Gerd Nollmann, Hermann Strasser (Hg.), *Das individualisierte Ich in der modernen Gesellschaft*, Frankfurt 2004, S. 198-204

Isaacs, William: *Dialog als Kunst, gemeinsam zu denken*, Bergisch Gladbach 2002

Kästner, Erich: *Das fliegende Klassenzimmer*, Hamburg 1995

Kalwa, Michael: *Die Konferenz in der Waldorfschule*, Stuttgart 1998

Karsch, Friederun Christa: „Kollegialität – Eine Zeitforderung", in: Hartwig Schiller (Hg.), *Innere Aspekte der Konferenzgestaltung. Übungsansätze, Perspektiven, Erfahrungen*, Stuttgart 2001, S. 11-20

Karutz, Matthias: *Gemeinschaften gestalten – aber wie?*, Stuttgart 1998

Keller, Thor: „Vom Lehrer und Kollegium einer Waldorfschule", in: *Erziehungskunst* 6/1990, S. 485-492

Kirchler, Erich u. a.: *Menschenbilder in Organisationen*, Wien 2004

Kiersch, Johannes: *Freie Lehrerbildung*, Stuttgart 1978

Kracht, Thomas: „Erkennen und Verstehen", in: Karl-Martin Dietz (Hg.), *Leben im Dialog. Perspektiven einer neuen Kultur*, Heidelberg 2004, S. 27-38

Krampen, Ingo: „Selbstverwaltung als zeitgemäße Sozialform für mündige Menschen", in: *Erziehungskunst* 1-2/1994, S. 30-43

Krone, Wolfgang: „Hinwendung – ein Grundmoment dialogischer Erziehung", in: Karl-Martin Dietz (Hg.), *Leben im Dialog. Perspektiven einer neuen Kultur*, Heidelberg 2004, S. 53-76

Kühlewind, Georg: *Das Gewahrwerden des Logos. Die Wissenschaft des Evangelisten Johannes*, Stuttgart 1979

–: *Die Logosstruktur der Welt. Sprache als Modell der Wirklichkeit*, Stuttgart 1986

–: *Aufmerksamkeit und Hingabe. Die Wissenschaft des Ich*, Stuttgart 1998

Kugler, Walter: *Selbstverwaltung als Gestaltungsprinzip eines zukunftsorientierten Schulwesens*, Stuttgart 1981

Lau, Peter: „Kultur-Kolumne: Wir sind die Guten", in: *brandeins* 1/2005

Leber, Stefan: „Von der Konstitution der Waldorfschule", in: *Erziehungskunst* 1/1968, S. 4-12

–: *Selbstverwirklichung, Mündigkeit, Sozialität. Eine Einführung in die Idee der Dreigliederung des sozialen Organismus*, Frankfurt 1982

–: *Die Sozialgestalt der Waldorfschule*, Stuttgart 1991

Leber, Stefan (Hg.): *Der Mensch in der Gesellschaft*, Stuttgart 1977

Lehrs, Ernst: „Republikanisch, nicht demokratisch", in: *Erziehungskunst* 1/1988, S. 33-39

Leist, Manfred: „Elternbeirat", in: *Erziehungskunst* 8-9/1963, S. 238-245

–: *Eltern und Lehrer. Ihr Zusammenwirken in den sozialen Prozessen der Waldorfschule*, Stuttgart 1986

Lievegoed, Bernard: *Über Institutionen des Geisteslebens*, Dornach 1989[2]

–: *Soziale Gestaltung am Beispiel heilpädagogischer Einrichtungen*, Frankfurt 1990

Loebell, Peter: „Gemeinschaftsbildung im Konferenzgespräch. Von der Bedeutung des Zuhörens", in: Hartwig Schiller (Hg.), *Innere Aspekte der Konferenzgestaltung. Übungsansätze, Perspektiven, Erfahrungen*, Stuttgart 2001, S. 86-130

Lüdemann-Ravit, Peter: „Delegation und Macht. Republikanisch und/oder demokratisch?", in: *Erziehungskunst* 1-2/1994, S. 19-29

Manen, Hans Peter van: „Die Republik der Lehrer", in: *Erziehungskunst* 7-8/1990, S. 583-597

Mittelstraß, Jürgen: „Leonardo-Welt – Aspekte einer Epochenschwelle", in: Gert Kaiser u. a. (Hg.), *Kultur und Technik im 21. Jahrhundert*, Frankfurt/New York 1993

Morgenstern, Christian: *Werke und Briefe*, Band II, Stuttgart 1992

Nassehi, Armin: „Wollen, was wir sollen", in: *brandeins* 4/2005, S. 94f.

Nitschmann, Johannes: „Papst warnt vor religiösen Privatwegen", in: *Süddeutsche Zeitung* Nr. 192, 22.8.2005, S. 1

Peters, Jürgen: „Führungsebenen", in: *Erziehungskunst* 1/2003, S. 33-37

–: „Schule für Werdende", in: *Info3* 9/2004, S. 19-21

Pullig, Karl-Klaus: *Innovative Unternehmenskulturen*, Leonberg 2000

Rauthe, Wilhelm: „Vom Verhältnis der Eltern zur Waldorfschule", in: *Erziehungskunst* 8-9/1963, S. 230-234

Rawson, Martyn: „Die Aufgaben der Lehrerkonferenz nach Aussagen Rudolf Steiners", in: Hartwig Schiller (Hg.), *Innere Aspekte der Konferenzgestaltung. Übungsansätze, Perspektiven, Erfahrungen*, Stuttgart 2001, S. 48-85

Robert, Annette: *Schulautonomie und -selbstverwaltung am Beispiel der Waldorfschulen in Europa. Konzept, Handlungsspielräume und Rahmenbedingungen*, Frankfurt 1999

Rohde, Dirk: „Zur ‚Schulleitung' an Waldorfschulen", in: *Erziehungskunst* 10/2005, S. 1129-1131

Rudolf, Wolfgang: „Zur Frage der Selbstverwaltung einer Waldorfschule", in: *Erziehungskunst* 2-3/1960, S. 72-78

Saint-Exupéry, Antoine de: *Der kleine Prinz*, Düsseldorf 2005

Schiller, Friedrich: *Sämtliche Werke*, herausgegeben von Fricke/Göpfert, München 1980

Schiller, Hartwig (Hg.): *Innere Aspekte der Konferenzgestaltung. Übungsansätze, Perspektiven, Erfahrungen*, Stuttgart 2001a

–: „Schulverwaltung im Zeitalter der Bewusstseinsseele", in: Hartwig Schiller (Hg.), *Innere Aspekte der Konferenzgestaltung. Übungsansätze, Perspektiven, Erfahrungen*, Stuttgart 2001b, S. 20-47

–: „Selbsterziehung, Schulungsweg und Konferenzgestaltung" in: Schiller Hartwig (Hg.), *Innere Aspekte der Konferenzgestaltung. Übungsansätze, Perspektiven, Erfahrungen*, Stuttgart 2001c, S. 144-169

Schimank, Uwe: „Das globalisierte ICH", in: Gerd Nollmann, Hermann Strasser (Hg.), *Das individualisierte Ich in der modernen Gesellschaft,* Frankfurt 2004, S. 45-68

Schmelzer, Albert: *Die Dreigliederungsbewegung 1919*, Stuttgart 1991

Schubert, Andreas: „Schule als Ort der Begegnung", in: *Erziehungskunst* 1-2/1994, S. 54-66

Schulz von Thun, Friedemann: *Miteinander Reden. Störungen und Klärungen,* Hamburg 2002[36]

Senge, Peter M.: *Die fünfte Disziplin*, Stuttgart 2001

Shaw, George Bernard: *Man and Superman* (1903), Harmondsworth 1974

Steiner, Rudolf: 1887, GA 1, *Einleitung zu Goethes naturwissenschaftlichen Schriften*, Band 2, Dornach 1973

–: 1894, GA 4, *Die Philosophie der Freiheit*, Dornach 1995

–: 4.11.1894, „Brief an Rosa Mayreder", in: GA 39, *Briefe Band II: 1890-1925,* Dornach 1987, S. 231-233

–: Vortrag vom 30.3.1905, in: GA 53, *Ursprung und Ziel des Menschen,* Dornach 1981

–: 1907, „Die Erziehung des Kindes vom Gesichtspunkte der Geisteswissenschaft", in: GA 34, *Lucifer – Gnosis,* Dornach 1987, S. 309-344

–: Vortrag vom 20.11.1914, in: GA 158, *Der Zusammenhang des Menschen mit der elementarischen Welt*, Dornach 1993

–: Aufsatz 1917, „Das Memorandum vom Juli 1917", in: GA 24, *Aufsätze über die Dreigliederung des sozialen Organismus und zur Zeitlage 1915-1921,* Dornach 1982, S. 339-385

–: 1919a, GA 23, *Die Kernpunkte der sozialen Frage,* Dornach 1976

–: Aufsatz 1919b, „Was nottut", in: GA 24, *Aufsätze über die Dreigliederung des sozialen Organismus und zur Zeitlage 1915-1921,* Dornach 1982, S. 44-47

–: Vortrag vom 22.4.1919, in: GA 330, *Neugestaltung des sozialen Organismus,* Dornach 1983

–: Konferenz am 20.8.1919, in: GA 300/I, *Konferenzen* Band I, Dornach 1975

–: Vortrag vom 6.9.1919 nachmittags, in: GA 295, *Erziehungskunst. Seminarbesprechungen und Lehrplanvorträge* (III), Dornach 1984

–: Vortrag vom 19.3.1920, in: GA 334, *Vom Einheitsstaat zum dreigliedrigen sozialen Organismus,* Dornach 1983

–: Vortrag vom 11.1.1921, in: GA 73a, *Fachwissenschaften und Anthroposophie,* Dornach 2005

–: Vortrag vom 13.1.1921, in: GA 298, *Rudolf Steiner in der Waldorfschule,* Dornach 1980

–: Vortrag vom 20.6.1922, in: GA 298, *Rudolf Steiner in der Waldorfschule,* Dornach 1980

–: Vortrag vom 3.10.1922, in: GA 217, *Pädagogischer Jugendkurs,* Dornach 1964

–: Vortrag vom 4.10.1922, in: GA 217, *Pädagogischer Jugendkurs,* Dornach 1964

–: Vortrag vom 20.4.1923, in: GA 306, *Die pädagogische Praxis vom Gesichtspunkte geisteswissenschaftlicher Menschenerkenntnis,* Dornach 1989

–: Elternabend am 22.6.1923, in: GA 298, *Rudolf Steiner in der Waldorfschule,* Dornach 1980

–: Vortrag vom 19.8.1923, in: GA 259, *Das Schicksalsjahr 1923 in der Geschichte der Anthroposophischen Gesellschaft 1923/24,* Dornach 1991

–: Vortrag vom 1.6.1924, in: GA 298, *Rudolf Steiner in der Waldorfschule,* Dornach 1980

–: Vortrag vom 18.7.1924, in: GA 310, *Der pädagogische Wert der Menschenerkenntnis und der Kulturwert der Pädagogik,* Dornach 1989

–: Vortrag vom 22.7.1924, in: GA 310, *Der pädagogische Wert der Menschenerkenntnis und der Kulturwert der Pädagogik,* Dornach 1989

–: Vortrag vom 30.8.1924, in: GA 304a, *Anthroposophische Menschenkunde und Pädagogik,* Dornach 1979

Vandercruysse, Rudy: „Dialog als emotionale Herausforderung", in: Karl-Martin Dietz (Hg.), *Leben im Dialog. Perspektiven einer neuen Kultur,* Heidelberg 2004, S. 39-52

Vogel, Diether: *Selbstbestimmung und soziale Gerechtigkeit,* Schaffhausen 1990

Vogel, Heinz Hartmut: *Jenseits von Macht und Anarchie,* Köln und Opladen 1970

Vries, Frank de: „Traum oder Trauma? Die Frage nach der konstruktiven Konferenzkultur", in: *Erziehungskunst* 10/2005, S. 1127-1129

Weiß, Peter M.: *Vom Umgang mit dem Denken oder Wie man das Denken zum Freund und Helfer gewinnt,* Heidelberg 2001

Weissert, Ernst: „Eltern und Lehrer im Bund für eine neue Erziehungskunst", in: *Erziehungskunst* 8-9/1963, S. 227-229

Werner, Götz W.: *Wirtschaft – das Füreinander-Leisten.* Antrittsvorlesung am 11.5.2004 an der Universität Karlsruhe (TH), Karlsruhe 2004

Werner, Jürgen: „Ora et Labora", in: Heinrich v. Pierer/Bolko v. Oetinger (Hg.), *Wie kommt das Neue in die Welt?*, München 1997

Wienert, Martin: „Kollektive können keine Verantwortung übernehmen", in: *Erziehungskunst* 1/2003, S. 38-42

Witzenmann, Herbert: *Intuition und Beobachtung,* Bd. 1: *Das Erfassen des Geistes im Erleben des Denkens;* Bd. 2: *Befreiung des Erkennens. Erkennen der Freiheit,* Stuttgart 1977/1978

–: *Sozialorganik. Ideen zu einer Neugestaltung der Wirtschaft,* Krefeld 1998

Zimmermann, Heinz: „Die Selbstverwaltung der Schule als Übfeld", in: *Erziehungskunst* 7-8/1985, S. 448

–: *Sprechen, Zuhören, Verstehen in Erkenntnis- und Entscheidungsprozessen,* Stuttgart 1991

–: *Von den Auftriebskräften in der Erziehung,* Dornach 1997

–: *Kreative Gemeinschaftsbildung heute,* Esslingen 1998

Zimmermann, Heinz/Oswald, Florian: „Übend künstlerische Ansätze zur Förderung der Gesprächskultur in Konferenzen", in: Hartwig Schiller (Hg.), *Innere Aspekte der Konferenzgestaltung. Übungsansätze, Perspektiven, Erfahrungen,* Stuttgart 2001, S. 170-188

PÄDAGOGISCHE AKADEMIE
AM HARDENBERG INSTITUT

Im Herbst 2002 bildete sich nach einer öffentlichen Veranstaltung des Hardenberg Instituts über Dialogische Kultur spontan ein kleiner Kreis, um die Frage zu bewegen, wie den wachsenden Problemen in der Selbstverwaltung der Waldorfschulen wirksam begegnet werden könne. Im Laufe der Zeit verstärkte sich die Überzeugung, dass dies nur dadurch geschehen kann, dass man versucht, sich mit dem geistigen Impuls der Waldorfschule zu verbinden und aus den inneren Gesetzmäßigkeiten des freien Geisteslebens zu handeln. Unterlässt man dies, dann können alle Bemühungen auf der Strukturebene und beim Konfliktmanagement nicht nachhaltig wirksam werden. Als Zweites kristallisierte sich die Überzeugung heraus, dass die kollegiale Selbstverwaltung, wie sie in den Waldorfschulen angelegt ist, zu den größten Errungenschaften des 20. Jahrhunderts gehört. Dabei bedarf ihre Verwirklichung solcher Fähigkeiten, wie sie im Zeitalter der Bewusstseinsseele von den Menschen in zunehmendem Maße gefordert sind. Wie können diese Ziele konkret werden?

Die aus dieser Bemühung im Jahre 2006 entstandene „pädagogische Akademie" soll ein Zusammenschluss von Menschen sein mit dem Ziel, ♦ den gemeinsamen geistigen Impuls aufzusuchen und zu realisieren ♦ untereinander zu kooperieren unter Wahrung aller individuellen geistigen Eigenständigkeit ♦ mit möglichst vielen, die das auch wollen, auf jede sinnvolle Art zusammenzuarbeiten ♦ erzielte Fortschritte öffentlich zugänglich zu machen.

Der Akademiekreis: Viviana Alvarez (Heidelberg), Thomas Diener (Heidelberg), Karl-Martin Dietz (Heidelberg), Mona Doosry (Hamburg), Gundel Fuchs (Hamburg), Heinrich Kruckelmann (Engelberg), Jürgen Paul (Heidelberg), Martin Wienert (Witten).

Koordination:
Viviana Alvarez
Träger: Friedrich von Hardenberg Institut e. V.
Hauptstraße 59, 69117 Heidelberg
Tel. 0049-6221-650170, Fax -21640
E-Mail: alvarez@hardenberginstitut.de

PÄDAGOGISCHE AKADEMIE
AM HARDENBERG INSTITUT

Die Akademie sieht ihre Aufgaben derzeit vor allem auf folgenden Gebieten:

1. Die kollegiale Selbstverwaltung, ihre geistigen Grundlagen und praktischen Arbeitsformen. Im Mittelpunkt steht die Frage nach dem geistigen Impuls und den Fähigkeiten der Bewusstseinsseele. Einige Themenschwerpunkte:
   - Handeln aus geistigem Impuls
   - Freies Geistesleben und seine inneren Bedingungen
   - Geistige Produktivität und freie Empfänglichkeit
   - Waldorfpädagogik im gegenwärtigen Zeitalter
   - Fähigkeitsbildung und Denkschulung im Zeichen der Bewusstseinsseele
   - Die Partnerschaft von Eltern und Lehrern
   - Rudolf Steiners Führung der Waldorfschule

2. Fragen des Jugendalters, besonders:
   - Entwicklungsmomente des Jugendalters
   - Die geistigen Impulse der Jugendgenerationen
   - Schule als Lebensraum - Jugendkultur
   - Die Lage der Jugend in unserem Zeitalter
     - Wie entsteht Orientierungsfähigkeit?
     - Wie entsteht seelische Stabilität?
     - Wie entsteht Willensstärke?

3. Hinzu kommen können weitere Entwicklungsfragen des Menschen z. B. Lernen im Älterwerden

4. Medienpädagogische Beratung

Die laufenden Veranstaltungen finden Sie unter
www.hardenberginstitut.de

MENON Verlag
im Friedrich von Hardenberg Institut e. V.

Waldorfpädagogik

Uwe Buermann
- **Künstliche Welten –
  wirkliche Bilder**
  Vom Umgang mit Medien
  32 Seiten

Hans Wilhelm Colsman
- **In guter Verfassung!**
  Eltern und Lehrer im Schulorganismus –
  auf Augenhöhe
  128 Seiten

Johannes Denger
- **Sinn macht gesund**
  Waldorfpädagogik und Salutogenese
  40 Seiten

Urs Dietler
- **Jugend im Wandel –
  Pädagogik im Umbruch**
  32 Seiten

Karl-Martin Dietz
- **Eltern und Lehrer an der
  Waldorfschule**
  Grundzüge einer dialogischen Zusammenarbeit
  80 Seiten
- **Erziehung in Freiheit**
  Rudolf Steiner über Selbständigkeit
  im Jugendalter
  112 Seiten
- **Produktives Unbehagen**
  Über die Chancen der kollegialen
  Selbstverwaltung
  48 Seiten

Edwin Hübner
- **Der gespaltene Mensch**
  Medien und Gesundheit
  60 Seiten, mit Abbildungen

Rüdiger Iwan
- **Phantasie und Verantwortung**
  Projektarbeit als Anliegen der
  Waldorfpädagogik
  41 Seiten
- **Prüfung, PISA und Portfolio**
  Über einen viel versprechenden
  Ansatz zur Aufrichtung des schiefen
  Turmes in Deutschland
  48 Seiten
- **Zeig, was Du kannst!**
  Portfolioarbeit als zentrales Anliegen
  der Waldorfpädagogik
  140 Seiten, mit Abbildungen

Mona Doosry
- **Zwischen Pubertät und
  Mündigkeit**
  Erziehungsaufgaben im Jugendalter
  48 Seiten

Bruno Sandkühler
- **Aufgaben der Waldorfpädagogik
  nach PISA**
  40 Seiten

Malte Schuchardt
- **Zur Bedeutung des Künstlerischen
  in der Waldorfpädagogik**
  Metamorphosen des Erzählens in den
  unterschiedlichen Altersstufen
  32 Seiten

Heinz Zimmermann
- **Was kann die Pädagogik des
  Jugendalters zur Willenserziehung
  beitragen**
  32 Seiten

Weitere Titel aus unserem Programm

Paolo Bavastro
- **Der umstrittene „Hirntod"**
  Organtransplantation in der Diskussion
  29 Seiten

Karl-Martin Dietz
- **Anthroposophie in der Gegenwart**
  Vom Umgang mit Zeitfragen
  53 Seiten
- **Anthroposophie tun**
  Beobachtungen zu Rudolf Steiners
  Führungsstil
  91 Seiten
- **Dialog –
  Die Kunst der Zusammenarbeit**
  2., durchgesehene Auflage
  136 Seiten
- **Gesund denken und handeln**
  Zur geistigen Dimension der
  Salutogenese
  40 Seiten
- **Freiheit oder Anpassung**
  Zur Aktualität des ethischen Individualismus
  56 Seiten
- **Die Wette um den Menschen –**
  ihr vorläufiger Ausgang im
  20. Jahrhundert
  38 Seiten

- **(Hrsg.) Leben im Dialog**
  Perspektiven einer neuen Kultur
  106 Seiten

Nikolai Fuchs/Christian Hiss
- **BSE – Hat der Wahn einen Sinn**
  Ideen für die Wende
  92 Seiten

Günter Kollert
- **Höher als der Turm von Babel**
  Ursprung und Zukunft der Sprache
  128 Seiten

Petra Kühne
- **Zeitgemäße Ernährungskultur
  zwischen Natur und Labor**
  51 Seiten

Christoph Strawe
- **Sozialimpulse der
  Anthroposophie**
  63 Seiten

Peter M. Weiß
- **Vom Umgang mit dem Denken**
  oder Wie man das Denken zum
  Freund und Helfer gewinnt
  32 Seiten

Hauptstraße 59, D-69117 Heidelberg
Telefon 0049-6221-2 13 50, Telefax -2 16 40
menon-verlag@hardenberginstitut.de
Unser Gesamtprogramm finden Sie im Internet unter: www.menon-verlag.de

FRIEDRICH VON HARDENBERG INSTITUT FÜR KULTURWISSENSCHAFTEN
Heidelberg

Bewusstseinsentwicklung
Gegenwartsfragen
Dialogische Führung
Spirituelle Psychologie
Ethischer Individualismus
Anthroposophie

Publikationen zu aktuellen Fragen
(MENON Verlag)

Vorträge und Seminare zur
Dialogischen Führung
und zur Persönlichkeitsentwicklung

Edition Hardenberg
im Verlag Freies Geistesleben

Alle aktuellen Veranstaltungen und Publikationen unter
www.hardenberginstitut.de
und
www.menon-verlag.de

Friedrich von Hardenberg Institut für Kulturwissenschaften
Hauptstraße 59, D-69117 Heidelberg
Telefon 0049-6221-2 84 85, Telefax -2 16 40
eMail: info@hardenberginstitut.de